"十三五"国家重点出版物出版规划项目·重大出版工程规划

中国工程院重大咨询项目成果文库

秦巴山脉区域绿色循环发展战略研究丛书（第一辑）

国家出版基金项目
NATIONAL PUBLICATION FOUNDATION

秦巴山脉区域绿色循环发展战略研究（交通与水资源卷）

傅志寰　侯立安　等　著

科学出版社

北　京

内 容 简 介

秦巴山脉交通区位条件特殊，构建绿色交通体系对于支撑秦巴山脉绿色循环发展具有重要意义。本书围绕建设国家中央主体生态功能示范区及国家中央公园这一战略构想，提出了秦巴山脉区域绿色交通体系建设的战略选择、总体思路、重点任务和保障措施。

秦巴山脉水资源丰富，是南水北调中线工程的水源地。本书分析了秦巴山脉水资源保护及利用现状及存在的问题，提出了战略思路、目标及任务，重点从完善生态补偿体系、加强水质监测等方面，提出了保障措施与政策建议。

站在绿色循环发展角度，把隶属于不同省市的碎片化区域作为一个整体进行研究，是一次有益的尝试。本书对于生态敏感区域交通发展、水资源保护及利用相关政策研究制定者及科研工作者具有一定参考意义。

审图号：GS（2019）3233号

图书在版编目（CIP）数据

秦巴山脉区域绿色循环发展战略研究.第一辑.交通与水资源卷 / 傅志寰等著.—北京：科学出版社，2019.11

"十三五"国家重点出版物出版规划项目·重大出版工程规划
中国工程院重大咨询项目成果文库　国家出版基金项目

　ISBN 978-7-03-062729-2

Ⅰ.①秦… Ⅱ.①傅… Ⅲ.①绿色经济-区域经济发展-发展战略-研究-中国②交通运输发展-发展战略-研究-中国③水利建设-经济发展x发展战略-研究-中国 Ⅳ.①F127

中国版本图书馆CIP数据核字（2019）第242580号

责任编辑：王丹妮 / 责任校对：陶　璇
责任印制：霍　兵 / 封面设计：无极书装

科学出版社 出版
北京东黄城根北街16号
邮政编码：100717
http://www.sciencep.com

北京九天鸿程印刷有限责任公司 印刷
科学出版社发行　各地新华书店经销
*
2019年11月第　一　版　开本：720×1000　1/16
2019年11月第一次印刷　印张：8 1/2
字数：172 000

定价：92.00元
（如有印装质量问题，我社负责调换）

"秦巴山脉区域绿色循环发展战略研究丛书"编委会名单

顾问（按姓氏拼音排序）

何季麟　邱冠周　任南琪　王　浩　王一德　王玉普　徐匡迪
杨志峰　殷瑞钰　周　济　左铁镛

主编

徐德龙

编委会成员（按姓氏拼音排序）

傅志寰　侯立安　金　涌　李德仁　李佩成　刘　旭　刘炯天
罗平亚　潘云鹤　彭苏萍　邱定蕃　吴良镛　吴志强　谢和平
徐德龙　薛群基　张寿荣　钟志华

"秦巴山脉区域绿色交通体系战略研究"
课题组成员名单

傅志寰	中国工程院院士
蒋 斌	交通运输部规划研究院高级工程师
徐 丽	交通运输部规划研究院教授级高级工程师
王 婧	交通运输部规划研究院工程师
赵 羽	交通运输部规划研究院工程师

"秦巴山脉区域水资源保护与利用研究"
课题组成员名单

侯立安	中国工程院院士
李佩成	中国工程院院士
杨志峰	中国工程院院士
李安桂	西安建筑科技大学教授
何 强	重庆大学教授
徐琳瑜	北京师范大学教授
翟 俊	重庆大学教授
张 林	浙江大学教授
刘心中	福建工程学院教授

丛 书 序

　　秦巴山脉雄踞中国地理版图中心，是中国南北气候的分界线、黄河水系与长江水系的分水岭；是中华民族的重要发祥地、中华文明的摇篮；是国家重点生态功能区和生物多样性保护优先区，是中国的中央水库、生态绿肺和生物基因库；与欧洲阿尔卑斯山脉、北美落基山脉一同被世界地质和生物学界称为"地球三姐妹"，孕育了众多举世闻名的历史城市和人类聚居地。同时，秦巴山脉区域目前也是中国跨省级行政区最多、人口最多的集中连片贫困区，生态保护与扶贫攻坚任务艰巨。秦巴山脉区域及周边大中城市构成了中国承东启西、连接南北的重要战略区。认知秦巴、保护秦巴、振兴秦巴，坚持"绿水青山就是金山银山"的发展目标，协同做好绿色发展这篇大文章，对于确保国家生态安全，全面建成小康社会，推进区域协同创新发展，实现中华民族伟大复兴中国梦，具有重大战略意义。

　　2015年，中国工程院实施"秦巴山脉区域绿色循环发展战略研究"重大咨询项目，组织水资源保护、绿色交通、城乡统筹、农林畜药、工业信息、矿产资源、文化旅游等专题组和陕西、河南、湖北、四川、甘肃、重庆六省市地方组，由分属化工、环境、农业、土木、管理、能源、信息、机械等8个学部的24位院士分别负责相关课题，在六省市党政领导，国家发展和改革委员会、科学技术部、交通运输部、环境保护部、工业和信息化部、国家林业局、国务院发展研究中心等部委和单位的高度重视与大力支持下，由全国300余名专家学者参与，深入实地，对秦巴山脉区域进行了广泛的调研和认真研究。项目历时两年，先后召开大型研讨会14次，专题研讨会50余次，并赴阿尔卑斯山脉和落基山脉进行了有针对性的比对调研，探讨了秦巴山脉区域生态环境保护与经济社会发展之间的绿色、低碳、循环发展路径，形成了一系列研究成果：在项目执行期间，项目组以中国工程院名义向国务院提交建议报告一份、以全国人大代表名义向全国人大提交建议3份，完成研究报告15份，发表相关研究论文60余篇；协助组织"丹江口水都论坛"一次，成功举办了"第231场中国工程科技论坛——秦巴论坛"，并在该论坛上发布《秦巴宣言》。

　　本丛书是"秦巴山脉区域绿色循环发展战略研究"重大咨询项目研究成果的

整体凝练，从8个领域的专业视角，以及相关六省市的地域综合视角，通过跨领域、跨地域研究体系的搭建，以秦巴山脉区域为主要研究对象，同时对周边城市地区进行关联研究，提出了秦巴山脉区域生态保护与绿色发展必须以周边城市区域为依托协同共进的重要思路，探索了生态高敏感地区保护与发展创新路径，并从国家公园建设、产业转型培育、空间整理优化、文化保护传承、教育体制创新等方面明晰了战略对策。本丛书可为秦巴山脉区域和国内其他贫困山区实现"绿水青山就是金山银山"的战略目标提供借鉴，可供咨询研究单位、各级行政管理部门和大专院校师生学习参考。

　　"秦巴山脉区域绿色循环发展战略研究"重大咨询项目的实施旨在牢固树立优美的生态环境就是生产力、保护生态环境就是保护生产力、改善生态环境就是发展生产力的理念，倡导绿色生产、生活方式，使蓝天常在、青山常在、绿水常在，实现人与自然和谐共处的创新发展新格局！

周济

目　录

交　通　篇

水资源保护与利用篇

交　通　篇

秦巴山脉区域是我国东西、南北交通联系的汇聚区域。经过多年发展，该区域已经初步形成了"三横四纵"的交通运输通道框架，各种交通运输方式均得到了较快发展。但是，对照国家中央主体生态功能示范区及国家中央公园这一战略构想来看，秦巴山脉区域交通运输体系还存在诸多问题。本篇分析建设国家中央主体生态功能示范区及国家中央公园这一战略构想下，秦巴山脉区域交通运输发展面临的主要挑战，针对该区域未来经济社会发展趋势和生态环境保护双重需求，提出了秦巴山脉区域绿色交通体系建设的战略选择、总体思路、重点任务和保障措施。

第一章 秦巴山脉区域交通运输发展现状

近年来，在国家和相关省（自治区、直辖市）的大力支持下，秦巴山脉区域交通基础设施建设取得了较大发展，交通状况发生了根本性改善。尤其是在"5·12"汶川大地震后，根据《国家汶川地震灾后重建规划工作方案》和国务院关于做好汶川地震灾后恢复重建工作的总体部署，国家实施了一大批交通基础设施建设项目，综合交通建设稳步推进，秦巴山脉区域综合交通网络骨架基本形成，各种交通运输方式均得到较快发展。

第一节 区域发展概况

一、区域范围

本书研究将秦巴山脉区域分为核心区与拓展区两大区域。其中，基于地理和地质概念，结合行政边界确定的核心区范围，包括河南、湖北、重庆、四川、陕西和甘肃6省市的20个地级市，1个自治州，1个地级市级别区（神农架林区），119个区、县，总面积超过30万平方千米，总人口为6164万人（表1-1）。本书将周边的西安、成都、重庆、武汉、兰州、郑州、洛阳、绵阳和天水等城市纳入，作为拓展区开展区域协同研究。

表1-1 纳入本书研究的核心区域基本情况

项目	省（市）						合计
	陕西	河南	湖北	甘肃	四川	重庆	
地级市/自治州/个	6	4	3	4	5	0	22
区/个	4	2	7	3	7	0	23

续表

项目	省（市）						合计
	陕西	河南	湖北	甘肃	四川	重庆	
县/个	33	14	7	15	15	6	90
县级市/个	1	1	2	0	3	0	7
人口/万人	1 360	1 176	780	563	1 735	550	6 164
用地/平方千米	86 903	40 119	41 185	56 624	61 846	21 957	308 634

二、自然地理

秦巴山脉区域生物、水、矿产和旅游等资源富集：①生物资源。动植物种类数量占我国的75%，分布有120余种国家级保护动植物，秦岭是我国最大的生物基因库，分布有鸟类338种、兽类140种、昆虫1 500余种、植物2 500余种，在世界物种基因保护方面具有显著价值。②水资源。人均水资源量为3 363立方米，明显高于我国人均水资源量（2 173立方米）。秦巴山脉区域是我国南水北调工程的水源地，是渭河、汉江、嘉陵江、丹江和洛河等80余条河流的发源地，其中，汉江、嘉陵江流域面积占长江总流域面积的近一半（47%），径流总量占长江流域的15%。③矿产资源。探明矿种占我国40%以上，黄金、钼矿等稀有贵重矿产资源突出。④旅游资源。该区域有40个国家自然保护区、61个国家森林公园和12个国家地质公园。秦巴山脉区域分布有多个水源保护区、水源涵养区、生物多样性保护区、自然保护区、原始林区和水土保持区等生态敏感片区。受地区贫困影响，区域内存在原发性的挖沙、开矿等无序掠夺式行为，与地区水源地保护、生态环境保护矛盾突出。

三、经济社会

20世纪六七十年代"三线建设"时期，该区域作为我国的战略大后方，一批航空、航天、核工业、电子工业和机械工业企业内迁布局到该区域，汉中、宝鸡、商洛、绵阳、十堰和天水等城市成为新兴工业基地，奠定了该区域工业化的基础。截至2015年，秦巴山脉区域生产总值达到15 706.6亿元，人均生产总值达到25 481元；城乡居民人均可支配收入达到23 392元和8 758元。秦巴山脉核心区产业结构大致为21∶46∶33，工业特别是重化工业所占比重过大。秦巴山脉核心区域内城镇总人口为6 113.10万人，非农人口为1 986.95万人，城镇化率为32.50%，远低于我国城镇化率54.77%的平均值。秦巴山脉区域内县域城镇化率超过国家城镇化率的仅有3个，约占总量的3.30%。秦巴山脉区域范围内分布的贫困人口达300余万人，该区域有55个国家级贫困县，约占我国贫困县总量的10%，是我国最大的集中连片贫困区。自然灾害、交通闭塞等是山区致贫的主要因素。移民搬迁是目前秦巴山脉地区解决地区贫困的主要路径。2012年5月《秦巴山片区区域发展与扶贫攻坚规划（2011—2020年）》[1]文件出台后，秦巴山脉区域5省1市高度重视扶贫开发工作，扶贫攻坚进入新的局面。

秦巴山脉区域历史文脉深远，文化积淀厚重，是中华民族的诞生地和摇篮之一，是华夏文明的中央文脉和文化殿堂之一。区域内分布的重庆巫山猿人有204万年的历史，秦巴山脉区域是人类的起源地之一，而且有华胥、伏羲、女娲和半坡等20多处中华民族祖先的遗址遗迹。该区域既是我国"生道、融佛"之地，也是中华文明核心价值观的诞生地。区域内分布有我国第一古刹——白马寺、道教圣地——武当山、道教发源地——终南山等，是我国多元文化、多地域文化的集中交融处。该区域分布有三国文化、巴蜀文化、秦文化、中原文化和古道文化等多种文化形态。

第二节　综合交通发展现状

秦巴山脉区域涉及渝新欧大通道、西成高铁、包茂高速和沪陕高速等多条交通运输干线，是东西南北交通联系的汇聚区。

经过多年发展，秦巴山脉区域内初步形成了"三横四纵"的交通运输主通道（图1-1），其中三横为南阳—商洛—西安通道、襄阳—十堰—安康—汉中—九寨沟通道、宜昌—万州—达州—巴中—广元通道；四纵为洛阳—南阳—襄阳通道、三门峡—十堰—宜昌通道、西安—安康—重庆通道、兰州—广元—成渝通道。

在"三横四纵"的交通运输主通道框架内，各交通运输方式的发展情况如下。

一、公路

区域内已基本形成了以高速公路、普通国道为主骨架，省道、县乡道为脉络，外连毗邻省，内通县乡的公路网体系。截至2015年底，公路网总里程超过18万千米。其中，国省干线公路总里程达到1.4万千米，占公路网总里程的7.5%。从技术等级来看，二级及以上高等级公路里程仅占6%；路网面积密度为83.4千米/百千米²、路网人口密度为51.3千米/万人。

（1）高速公路：秦巴山脉核心区内共有国家高速公路21条[2]，包括主线15条和联络线6条，如表1-2所示。其中，G5京昆高速、G22青兰高速、G30连霍高速、G36宁洛高速、G40沪陕高速、G42沪蓉高速、G50沪渝高速、G55二广高速、G65包茂高速、G70福银高速和G93成渝环线高速等11条国家高速主线在秦

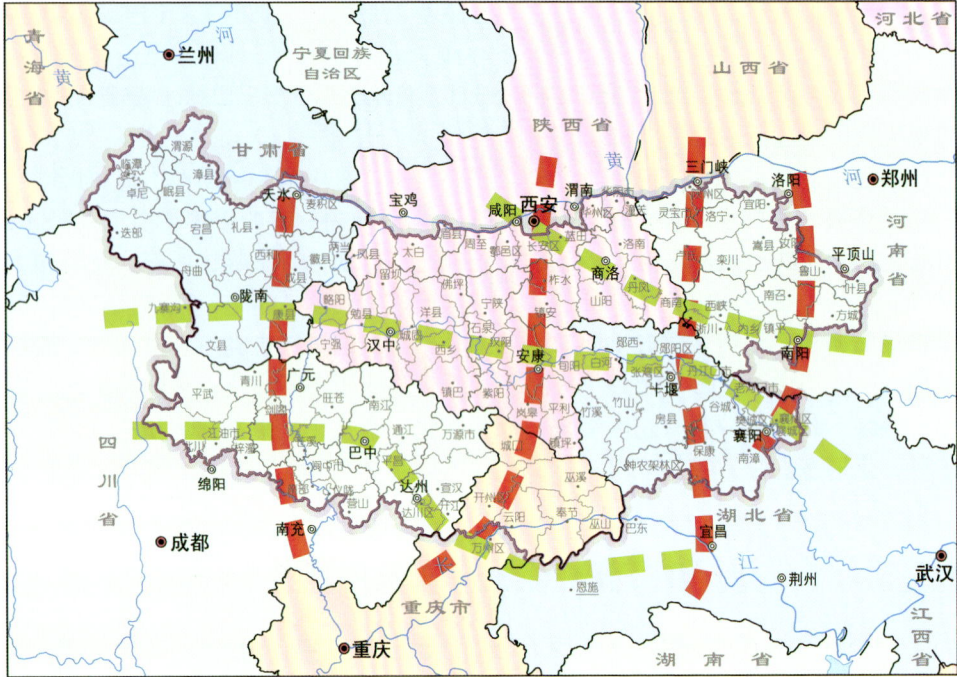

图1-1　秦巴山脉区域交通运输主通道示意图

巴山脉拓展区内路段建成通车；其余线路均有部分路段处于规划或在建阶段。目前基本实现70%以上的县通高速公路。

表1-2　截至2015年秦巴山脉区域内国家高速建设进展情况

序号	路线类别	编号	路线起讫点	主要控制点（核心区）	主要控制点（拓展区）	未建成路段
1	主线	G5	北京—昆明	西安、汉中、广元、绵阳	成都	全通
2	主线	G55	二连浩特—广州	洛阳、南召、南阳、襄阳		全通
3	联络线	G5515	张家界—南充	营山、南充	忠县、梁平、大竹	梁平—忠县
4	主线	G59	呼和浩特—北海	灵宝、卢氏、十堰、房县、保康	宜都	卢氏—郧阳区、保康—宜都
5	主线	G65	包头—茂名	西安、安康、达州	重庆	全通
6	主线	G69	银川—百色	西安、安康、岚皋、城口	万州、忠县	安康—忠县
7	联络线	G6911	安康—来凤	安康、平利、巫溪	建始、恩施	除奉节—巫溪段，其余均未通车

续表

序号	路线类别	编号	路线起讫点	主要控制点（核心区）	主要控制点（拓展区）	未建成路段
8	主线	G75	兰州—海口	广元、南充	兰州、重庆	临洮—陇南
9	主线	G85	银川—昆明	宝鸡、留坝、汉中、巴中	广安、重庆	宝鸡—川陕交界、巴中—重庆
10	联络线	G8513	平凉—绵阳	天水、成县、武都、平武、绵阳	九寨沟	天水—成县、文县—绵阳
11	主线	G22	青岛—兰州		定西、兰州	全通
12	主线	G30	连云港—霍尔果斯	洛阳、西安、宝鸡、天水	郑州、兰州	全通
13	主线	G36	南京—洛阳	平顶山、洛阳		全通
14	主线	G40	上海—西安	南阳、商州、西安		全通
15	主线	G42	上海—成都		武汉、孝感、荆门、宜昌、万州、垫江、广安、南充、遂宁、成都	全通
16	联络线	G4213	麻城—安康	保康、房县、竹溪、平利、安康	宜城	南漳—保康、平利—安康
17	主线	G50	上海—重庆		武汉、荆州、宜昌、恩施、忠县、垫江、重庆	全通
18	联络线	G5012	恩施—广元	开州、达州、巴中、广元	利川、万州	开州—利川
19	主线	G70	福州—银川	襄阳、十堰、商州、西安	武汉、孝感	全通
20	联络线	G7011	十堰—天水	十堰、安康、汉中、天水		徽县—天水
21	主线	G93	成渝地区环线		成都、绵阳、遂宁、重庆	全通

（2）普通国道：秦巴山脉核心区内共有普通国道31条[2]，包括放射线1条、纵线11条、横线14条及联络线5条，如表1-3所示。目前普通国省道基本覆盖到每个县级节点。

表1-3　秦巴山脉区域内普通国道规划布局情况

序号	编号	路线起讫点	主要控制点（核心区）	主要控制点（拓展区）
1	G108	北京—昆明	周至、佛坪、洋县、城固、汉中、勉县、宁强、广元、剑阁、梓潼	绵阳、罗江、德阳、广汉、成都

续表

序号	编号	路线起讫点	主要控制点（核心区）	主要控制点（拓展区）
2	G207	乌兰浩特—海安	南召、镇平、邓州、襄阳	巩义、汝州、宜城、荆门
3	G208	二连浩特—淅川	洛阳、伊川、嵩县、西峡、淅川	
4	G209	苏尼特左旗—北海	三门峡、灵宝、卢氏、郧阳区、十堰、房县	兴山、巴东、建始、恩施、宣恩、来凤
5	G210	满都拉—防城港	西安、宁陕、石泉、西乡、镇巴、万源、达州	大竹、邻水、重庆
6	G211	银川—榕江	鄠邑、柞水、镇安、安康、岚皋、城口、开州	万州
7	G212	兰州—龙邦	岷县、宕昌、陇南、文县、广元、苍溪、阆中、南部	兰州、临洮、西充、南充、合川、北碚
8	G241	呼和浩特—北海	洛宁、栾川、内乡、丹江口、保康	渑池、宜昌
9	G242	甘其毛都—钦州	洛南、商洛、山阳、郧西、竹山、巫溪、奉节	恩施、宣恩、来凤
10	G244	乌海—江津	太白、留坝、汉中、南郑、南江、巴中	凤翔、蓬安、岳池、华蓥、璧山
11	G245	巴中—金平	巴中、南部	盐亭、三台、中江、金堂、新都、成都
12	G247	景泰—昭通	天水、礼县、陇南、文县、九寨沟、平武、江油	安县、绵阳、三台、射洪、遂宁、安岳
13	G310	连云港—共和	三门峡、灵宝、潼关、华州区、华阴、渭南、西安、周至、眉县、天水	洛阳、新安、义马、渑池、宝鸡
14	G311	连云港—栾川	宝丰、鲁山、栾川	许昌、襄城
15	G312	上海—霍尔果斯	南阳、镇平、内乡、西峡、商南、丹凤、商洛、蓝田、西安	桐柏、唐河
16	G316	长乐—同仁	襄阳、谷城、老河口、十堰、白河、旬阳、安康、汉阴、石泉、西乡、城固、汉中、留坝、凤县、两当、徽县、礼县、岷县、卓尼、临潭	武汉、孝感、云梦、安陆、随州、枣阳、合作、夏河
17	G318	上海—聂拉木		武汉、仙桃、潜江、荆州、枝江、宜昌、利川、万州、梁平、大竹、渠县、南充、蓬溪、遂宁、安居、乐至、简阳、成都
18	G328	启东—老河口		泌阳、唐河、新野、邓州、老河口
19	G329	舟山—鲁山	叶县、鲁山	

续表

序号	编号	路线起讫点	主要控制点（核心区）	主要控制点（拓展区）
20	G342	日照—凤县	眉县、太白、凤县	
21	G344	东台—灵武	汝阳、嵩县、卢氏、洛南、蓝田、鄠邑	
22	G345	启东—那曲	方城、南召、西峡、商南、山阳、镇安、宁陕、洋县、城固、汉中、勉县、略阳、康县、陇南、舟曲、迭部	
23	G346	上海—安康	南漳、保康、房县、竹山、竹溪、平利、安康	宜城
24	G347	南京—德令哈	巫溪、城口、万源、通江、巴中、阆中、梓潼、江油、北川	应城、京山、钟祥、荆门、远安、兴山
25	G348	武汉—大理	巫山、奉节、云阳	武汉、汉川、天门、沙洋、荆门、当阳、宜昌、秭归、巴东、万州、忠县
26	G350	利川—炉霍		利川、忠县、邻水、广安、武胜、遂宁、大英、中江、德阳、什邡、彭州、都江堰
27	G541	石泉—巫溪	石泉、紫阳、岚皋、镇坪、巫溪	
28	G542	广元—万州	广元、旺苍、巴中、平昌、达州、开江	万州
29	G543	青川—平武	青川（沙州）、平武（南坝）	
30	G567	礼县—康县	礼县、西和、成县、康县	
31	G568	兰州—碌曲		兰州、永靖、东乡、临夏、合作

截至2015年，核心区域内所有乡镇已经全部通公路，其中97%以上的乡镇通沥青（水泥）路；建制村中通公路的达97%以上，通沥青（水泥）路的不足50%。

二、铁路

截至2015年，秦巴山脉核心区域内铁路营业里程为2 289千米，路网密度为101.7千米/百千米²，低于我国平均水平。区域内铁路复线率、电化率均高于我国平均水平。主要铁路情况如表1-4所示。

表1-4　核心区域内铁路基本情况

线别	铁路等级	正线数目	设计行车速度/（千米/小时）	牵引种类
宝成铁路	国铁Ⅰ级	单	80	电力
	国铁Ⅰ级	双	120	电力
阳安铁路	国铁Ⅰ级	双	120	电力
襄渝铁路	国铁Ⅰ级	双	160	电力
西康铁路	国铁Ⅰ级	双	160	电力
焦柳铁路（焦作至石门段）	国铁Ⅰ级	双	120	电力
西合铁路	国铁Ⅰ级	双	160	电力
巴达铁路	国铁Ⅱ级	单	120	电力
广巴铁路	地铁Ⅰ级	单	120	电力
兰渝铁路	国铁Ⅰ级	双	200	电力
成兰铁路	国铁Ⅰ级	双	200	电力
西成铁路	客运专线	双	250	电力
郑万铁路	客运专线	双	350	电力
武襄十铁路	客运专线	双	350	电力

（一）宝成铁路

线路北起陕西宝鸡，向南经略阳、阳平关、广元、江油、绵阳和德阳，南至成都，线路全长669千米。宝成铁路宝鸡至阳平段主要技术标准如下：国铁Ⅰ级、单线、电力牵引，设计行车速度为80千米/小时。阳平关至成都段主要技术标准如下：国铁Ⅰ级，双线，电力牵引，设计行车速度为120千米/小时。宝成铁路北段长期以来处于满负荷运营状况。

（二）阳安铁路

线路西起宝成铁路阳平关站，向东经宁强、勉县、汉中、洋县、西乡、石泉和汉阴等县（市），东至安康，线路全长357千米。主要技术标准如下：国铁Ⅰ级、双线、电力牵引，设计行车速度为120千米/小时。阳安铁路是横贯陕南，连接宝成、襄渝两条铁路干线的联络线，同时是川北地区东进西出的重要通道。

（三）广巴铁路

广巴铁路由西段广旺铁路（广元至普济段）、中段普乐铁路（普济至乐坝段）、东段乐巴铁路（乐坝至巴中段）三段组成，线路全长157千米。主要技术标准如下：地铁I级，单线，电力牵引，设计行车速度为120千米/小时。广巴铁路于2011年12月16日开始试运行，结束了巴中市不通火车的历史。

（四）巴达铁路

线路自广巴铁路的巴中站引出，向东南经巴中东、曾口、平昌、石桥和石梯，接入襄渝铁路的达州站，全长124千米。巴达铁路于2009年开工建设，2015年建成投产。主要技术标准如下：国铁II级，单线，电力牵引，设计时速为120千米。

（五）襄渝铁路

线路自焦柳线上的湖北省襄阳站出岔向西引出，经老河口市、谷城县、丹江口市、武当山特区、十堰市和郧阳区，进入陕西省白河县，过旬阳县、安康市、紫阳县和镇巴县，进入四川省，经万源市、宣汉县、达州市、渠县、广安市和华蓥市，抵达重庆市。主要技术标准如下：国铁I级，双线，电力牵引，设计时速为160千米。该线路是沪汉蓉铁路通道的重要组成部分，是川渝地区与华中、华东地区客货交流的主要通道。

（六）西康铁路

线路北起陇海铁路枢纽窑村站，经西安市灞桥区、长安区，通过秦岭隧道，经柞水县、镇安县和旬阳县，南抵安康市。线路全长268千米。主要技术标准如下：国铁I级，双线，电力牵引，设计时速为160千米。西康铁路是国家综合运输大通道包柳通道的重要组成部分，也是西北与西南地区客货交流的主要通道。

（七）西合铁路

线路西起西安市新丰镇编组站，经陕西省渭南市、商洛市，河南省南阳市，湖北省随州市，再经河南省信阳市，安徽省六安市，至合肥市，线路全长957千米。主要技术标准如下：国铁I级，双线，电力牵引，设计时速为160千米。西合铁路是山西煤炭外运通道的重要组成部分，同时是西北与华东地区客货交流的主要通道。

（八）焦柳铁路（焦作至石门段）

线路北起焦作的月山站，向南经洛阳、平顶山、南阳、襄阳、荆门、鸦鹊岭和枝城，南至石门站，线路全长852千米。焦柳铁路焦作至石门段于1978年建成，并于1999年建成复线铁路。主要技术标准如下：国铁Ⅰ级，双线，电力牵引，设计时速为120千米。该段是我国煤炭运输通道的重要组成部分，也是南北客货交流的主要通道。

（九）兰渝铁路

线路北起甘肃兰州，向南经甘肃的渭源、岷县、宕昌和陇南，四川的广元、苍溪、阆中、南部、南充和武胜，至重庆的合川、北碚。主要技术标准如下：国铁Ⅰ级，双线，电力牵引，设计时速为200千米。兰渝铁路是我国西南地区与西北地区间客货交流的主要通道。

（十）成兰铁路

线路起自成都，经什邡、绵竹、茂县、松潘至九寨沟，向北延伸至在建兰渝铁路哈达铺站，线路全长463千米。成兰铁路预计2020年竣工。主要技术标准为：国铁Ⅰ级，双线，电力牵引，设计时速为200千米。该铁路使西南与西北两大区域联系更加紧密。

三、民航

秦巴山脉区域（核心区+拓展区）内共有21个民航机场投入使用中，目前已经形成了由省会城市的枢纽机场、干线机场和地级市的支线机场共同组成的民航机场体系，兼顾旅游、飞行训练等通用功能。目前，秦巴山脉核心区内已有15个民航机场，飞行区等级大多为4D级。《中国民用航空发展第十三个五年计划》和《全国民用机场布局规划》[3]在秦巴山脉核心区内还规划有若干民航机场，到2030年，核心区运输机场数量将达到24个，届时将大幅度提高民航服务在秦巴山脉区域的覆盖面。

核心区内，西安咸阳国际机场位列我国十大机场之列（按旅客吞吐量数据统计排名），5个机场的旅客吞吐量排名我国前100名，且较2013年有较为明显的增长（表1-5）。各机场旅客吞吐量较2020年设计旅客吞吐量还有较大的发展空间（表1-6）。

表1-5　秦巴山脉区域机场旅客吞吐量在全国200家机场中的排名情况

序号	机场	名次	年度		增长率
			2014年/人	2013年/人	
1	西安咸阳国际机场	9	29 260 755	26 044 673	12.3%
2	绵阳南郊机场	61	1 084 998	917 325	18.3%

续表

序号	机场	名次	年度		增长率
			2014年/人	2013年/人	
3	襄阳刘集机场	78	677 041	601 029	12.6%
4	洛阳北郊机场	85	588 717	594 781	−1.0%
5	南阳姜营机场	96	464 512	405 929	14.4%
6	南充高坪机场	101	429 360	319 384	34.4%
7	达州河市机场	118	296 119	248 727	19.1%
8	广元盘龙机场	141	168 505	122 858	37.2%
9	汉中城固机场	185	32 825		
10	天水麦积山机场	189	23 925	15 062	58.8%
11	甘南夏河机场	190	22 533	736	2 961.5%
12	神农架红坪机场	192	20 852		

表1-6 秦巴山脉核心区内现有民航机场列表

序号	机场	所在地		干/支线机场	飞行区等级	航线数量	2014年旅客吞吐量/人次	2020年设计旅客吞吐量/人次
		省	市					
1	西安咸阳国际机场	陕西	西安	干线机场	4F	269条	2 926万	
2	汉中城固机场	陕西	汉中	支线机场	4C	3条	3.28万	30万
3	洛阳北郊机场	河南	洛阳	干线机场	4D	20余条	58.88万	76万
4	南阳姜营机场	河南	南阳	支线机场	4D	13条	46.45万	100万
5	襄阳刘集机场	湖北	襄阳	干线机场	4D	10条	67.70万	150万
6	神农架红坪机场	湖北	神农架	支线机场	4C	1条	20.85万	25万
7	达州河市机场	四川	达州	支线机场	4C	7条	29.61万	85万（2025年）
8	广元盘龙机场	四川	广元	支线机场	4D	5条	16.85万	
9	绵阳南郊机场	四川	绵阳	干线机场	4D	约20条	108.49万	200万
10	南充高坪机场	四川	南充	支线机场	4C-4D	约10条	42.94万	60万

续表

序号	机场	所在地		干/支线机场	飞行区等级	航线数量	2014年旅客吞吐量/人次	2020年设计旅客吞吐量/人次
		省	市					
11	天水麦积山机场	甘肃	天水	支线机场	3C	2条	2.39万	
12	甘南夏河机场	甘肃	甘南州	支线机场	4C	2条	2.25万	14万

　　除发展民用航空机场外，秦巴山脉区域内还建有一个通用机场，即陕西省渭南市蒲城机场，机场跑道飞行区按照2B等级标准建设，满足运5等2B类以下通用飞机的使用要求。河南省出台了《河南省通用航空发展规划（2014-2020）》，将在三门峡市建设通用机场，主要用于消防、救灾和救援等。

四、水运

　　秦巴山脉区域水资源丰富，高于我国平均水平，属于丰水区。秦巴山脉区域流域地形属于我国西高东低的第二阶梯，流域的海拔落差大，接纳的支流大部分发源于东西走向的秦岭南麓，少部分发源于东西走向的巴山北麓。秦巴山脉区域大致可以划分为汉江和嘉陵江两大水系，两者均为长江一级支流。区域内水运主要集中在长江上游、汉江和嘉陵江等水系。《全国内河航道与港口布局规划》中关于长江水系高等级航道的布局方案为"一横一网十线"[4]。其中，嘉陵江和汉江为"十线"中的重要组成部分。

　　（1）汉江：发源于陕西秦岭南麓，干流流经陕西的汉中、安康，于白河附近进入湖北，再经十堰、襄阳、荆门、天门、潜江、仙桃和孝感等地区，于武汉汇入长江，全长1 577千米。汉江属雨源型河流，径流主要来自降水。汉江来水主要依赖四个产流区，即汉江干流区、洵夹河区、堵南河区和丹唐区，主要产流区位于丹江口以上。江汉运河全长约67千米，2014年9月26日正式通航。通过在汉江中游和长江中游之间开辟的这条便捷之路，"长江—江汉运河—汉江"形成一个810千米的千吨级黄金航道圈。

　　（2）嘉陵江：发源于秦岭西段南麓，在合川区接纳涪江、渠江后于重庆市注入长江。流域面积为16万平方千米，干流全长1 120千米，多年平均径流量为2 120立方米/秒，总落差为2 300米。嘉陵江支流众多，长度在50千米以上的河流有11条。嘉陵江是国家发展和改革委员会和交通运输部规划建设的长江水系"一横一网十线"的重要组成线，是国家战备航道。嘉陵江规划梯级开发建设16级航电枢纽，其中重庆市2级，四川省14级。根据规划建设进度，嘉陵江除水东坝枢纽外2015年全部渠化，嘉陵江500吨级船舶、1 000吨级船队可从广元沿嘉陵江进入长江水系直至上海。这充分体现水运运量大（相当于两条铁路）、能耗低

（单位能耗为铁路的三分之一、公路的九分之一）、污染小的优势，提升广元市枢纽功能，实现广元市次级枢纽铁、公、水、航的综合交通运输体系建成。嘉陵江是伸入我国内陆最深，联系西南西北的一条内河航道。嘉陵江上第一港口广元港是四川省规划建设的五大主港之一，是通过长江延伸至我国西部内陆最深的水运口岸，具有得天独厚的区位优势，历来就是四川省、陕西省和甘肃省的物资集散地，是连接西南、西北两大经济区的枢纽港。按规划广元港将建成袁家坝、昭化、红岩、张家坝等4个主港区和11个作业区，港口年吞吐能力可达到1 030万吨和60万标箱，客运可达36万人次。

第二章　秦巴山脉区域交通运输发展环境战略分析

第一节　秦巴山脉区域交通运输发展形势与需求分析

一、新的战略定位对交通运输发展提出了新的要求

在国家中央主体生态功能示范区及国家中央公园的战略定位下，秦巴山脉区域内的产业结构将发生重大调整，总体趋势如下：第一产业（现代农业、特色农业）将加快转型升级；第二产业（采掘业、冶炼业等）将受到严格限制；第三产业（文化旅游、教育金融等）将得到提升拓展。在该产业格局下，未来区域内客运将大幅度增长，无论是量上还是质上，城乡客运、城际客运、旅游客运和自驾出行将迅速增长，对安全、便捷、舒适和经济等方面的需求更加突出，要求进一步拓展运输服务设施功能；而货运将要求进一步提高运输效率、降低运输成本，提高货运的经济性、快捷性、安全性和专业化水平，发展先进运输组织方式，拓展现代物流等新兴服务领域。区域内部若干文化旅游小环线、自驾游将成为客运的主要特色，特色农业的电商物流将成为货运的主要特征。对照上述要求，未来该区域交通运输需求的大体格局如下：对外交通（与全国主要经济区之间、与周边省会城市之间）应以快捷为主，区域内部交通则要慢下来，以舒适为主，区域内部主要节点之间形成中等快速联系；过境交通，特别是危险化学品、煤炭和矿石等货物运输，要通过周边环型交通疏解出去。

二、区域协同发展战略要求加快交通空间结构合理布局，促进区域交通协调发展

秦巴山脉区域是我国西北地区、华中地区与西南地区联系的重要通道，要求

交通运输在区域协同发展中发挥支撑和先导作用，强化区域间、产业集群间交通联系，形成布局合理、优势互补及衔接高效的综合交通运输体系。促进生产要素跨区域合理流动，要求加强各种运输方式的衔接，形成铁路、公路和水路相互衔接、优势互补的综合交通运输体系，有效降低综合物流成本，为产业拓展、提升和集聚提供强有力的支撑。增强资源富集地区自我发展能力，要求进一步加大对这些地区交通运输的支持力度，加大扶贫开发力度，支持特殊类型地区加快发展。

三、加快发展现代农业，要求促进城乡交通协调发展，继续加快路网及农村交通建设

以工促农、以城带乡，是实现城乡协调发展的重要途径，将中小城镇打造成为城带乡、工促农的重要纽带，要求强化中小城镇与大中城市及广大乡村之间的交通联系。发展壮大县域经济，培育壮大乡镇企业，以特色农产品加工和优势资源型工业为重点，加快发展与大中城市、大型企业集团相配套的产业集群，打造一批工业强县，要求加快推进普通干线公路网布局调整，增强干线公路网对重要乡镇及以上行政节点的连接和覆盖，提升干线公路技术等级、服务能力和水平。大力发展特色农业，切实改善农村生产生活条件，要求加快县乡公路建设，推进农村公路乡镇"通畅"和乡村"通达"工程，加快建制村通沥青（水泥）路建设，提高路网密度和公路通达率，统筹城乡客运资源配置，稳步推进城乡客运服务均等化。提高农村公路安全保障能力，要求推进渡改桥、新建桥梁、危桥改造和安保工程建设。

四、缓解资源环境压力、发展绿色经济，要求加快建设资源节约、环境友好型交通运输行业

全球性能源紧张及气候变化已成为国际社会普遍关注的重大问题。我国高度重视节能减排和应对气候变化工作，建设资源节约型、环境友好型社会已成为国家重大战略，是实现可持续发展的客观要求。国家提出要大力发展低碳经济，加快建设以低碳为特征的工业、建筑和交通体系。交通运输行业作为能源资源消费和温室气体排放的重点领域之一，节能减排任务非常艰巨。交通运输行业建设资源节约、环境友好型行业，推进结构性、技术性和管理性节能减排，提高资源利用效率，发展绿色交通，促进发展模式向高能效、低能耗和少排放转型，是交通运输发展的必然之路。

随着运输规模持续扩大，营运车船及从业人员数量增长，交通运输安全风险不断增大，交通运输安全问题日益为社会所关注。这一系列的复杂因素和紧迫

形势，要求必须从基础设施、运输服务、监管救助与体制机制建设等各个方面加强安全和应急保障能力，提升交通运输系统整体的安全性，保障人民群众出行安全、国家经济安全和国防安全。

第二节　秦巴山脉区域交通运输发展条件与挑战分析

站在建设国家中央主体生态功能示范区及国家中央公园这一战略构想层面进行审视，发现秦巴山脉区域交通运输发展面临的挑战主要如下。

一、对外交通不够"快捷"

秦巴山脉核心区与京津冀、长江三角洲、珠江三角洲和北部湾等主要经济区之间，以及与周边省会城市之间的交通联系不够快捷。截至2015年，核心区内尚有近一半的高速公路未全线贯通，一些主要通道还存在瓶颈路段需要扩容，如秦巴山脉陕西省境内有4条高速公路出省通道尚未打通，另有与湖北省、甘肃省相连的316国道出省路段尚未打通，陕西省境内技术标准偏低，成为省际瓶颈路段。截至2015年，核心区缺少快捷的对外铁路通道，既有铁路均为客货混跑，运输质量不能满足方便、快捷的运输需求。机场利用率偏低，支线机场与我国各大枢纽机场之间联系不紧密，对吸引我国各大城市地区人员通过空中进入秦巴山脉核心区旅游形成较大制约，如汉中市仅开通了北京市、上海市、深圳市、西安市和大连市的航线，机场平均每天仅有4个航班。汉江、嘉陵江水运通道尚未有效利用。区域内各运输方式分散发展、自成体系，不同运输方式之间衔接不畅，综合客货运输枢纽偏少，港口、机场集疏运体系不匹配，如广元市的港口与铁路、公路衔接不畅。

二、过境交通缺少"统筹"

秦巴山脉周边分布着关中—天水经济区、成渝经济区、中原经济区和武汉城市圈，是东西南北交通联系的汇聚区。渝新欧大通道、西成高铁、包茂高速和沪陕高速等多条交通干线从该区域通过，过境交通比较复杂。从规划布局看，过境区域的规划既有国家批准的，也有省、市就可以决定的。这些规划虽然从各省、市、县自身看比较合理，但从秦巴山脉区域总体角度审视则略显无序，甚至可能有重复浪费。受山势和河流走向影响，包括G40、G65、G209和G312等干线公路在内的多数国省道公路呈南北走向，东西向连通的交通较少，车辆需要绕行，而且还存在部分断头路和瓶颈路段。

三、内部交通不够"通畅"

公路、铁路主干线布局不尽合理，区域内路网多从核心（省会）城市向外放射，省会到其他次级中心城市间基本依靠单通道的高速公路连通，铁路快速通道较少；次级中心城市之间的联系不便捷，必须通过省会中转或经过省会，给省会城市的交通带来不小的压力；区域更次级城市（市县）间的连接通道仍不多，交通设施薄弱且分布不均；通往各主要经济节点（如主要景区、产业园区等）的交通线路建设滞后，等级普遍偏低。例如，秦巴山脉陕西片区国省干线公路二级及以上所占比例不足30%，低于国家要求。内部空中交通网络尚未形成，核心区内各支线机场之间尚未互连互通，观光旅游、应急救援等通用航空发展滞后。秦巴山脉核心区内的大部分县乡公路等级低、路况差且缺少养护，与周边干线公路连接不畅，尚不能适应文化旅游、休闲度假和特色农业等发展需求。例如，截至2015年，位于秦巴山脉核心区的汉中市以四级公路为主，四级及等外公路所占比例高达88.4%，另外仍有1 230千米县乡公路为"白皮路"，通往主要景区的道路等级偏低。群众"出行难"的问题尚未解决，如位于秦巴山脉核心区的广元市仍有543个建制村未实现通沥青（水泥）路，仍有一半的乡镇无等级客运站，仍有43%的建制村不通客车。交通微循环系统以低等级公路为主，安全防护等设施普遍缺乏，防灾抗灾能力弱。同时，农村物流发展滞后①。

四、发展方式不够"集约"

受既有行政区划的影响，难以从秦岭山脉整体区域层面进行统筹考虑，导致区域内交通运输呈现粗放式、碎片化发展状态，各种运输方式的比较优势和组合效率难以发挥，内河、铁路等相对环保的交通运输方式没有被有效利用起来。由于区域协调机制缺乏，交通运输规划、建设和管理难以统一与协调，所以交通运输资源难以综合利用。交通基础设施建设对生态的影响较大。高能耗和高排放的老旧交通运输装备、机械设备依然较多，清洁能源运输装备应用不足。

五、运输管理缺少"安全"意识

从运输角度看，通过山区的货物运输中，不乏化学品、石油和煤炭等大宗物资或危险品。重车运输不仅将对秦巴山脉核心区内部旅游交通形成较大干扰，而且由于山区地形条件复杂，运输安全风险和对环境可能带来的安全风险都很高。加之秦巴山脉区域五省一市各自出台不同的管控措施，各地都希望危险品运输车

---

① 数据来源于2015年陕西省交通运输厅和汉中市调研汇报资料。

辆不要经过本地区及长大隧道，结果造成越危险的车辆反而被迫进入山区通行条件越差的路段，人为增加安全隐患和不必要的绕行。一旦发生爆炸、泄漏等事故，不仅容易出现责任不清、救助不及时的情况，还可能带来难以估量的环境影响。

第三章　秦巴山脉交通运输发展战略选择与战略重点

第一节　总体思路

围绕国家中央主体生态功能示范区及国家中央公园的战略构想，未来秦巴山脉绿色交通体系建设发展的总体思路如下：贯彻落实创新、协调、绿色、开放和共享五大发展理念，基于综合运输原则，充分发挥各种运输方式的比较优势和组合效率，坚持区域协同发展，坚持绿色、集约和安全发展，优化布局、调整结构、加强管理，着力构建对外"快捷"、过境"有序"、内部"通畅"的秦巴山脉绿色交通体系，引导和支撑服务秦巴山脉区域的绿色循环发展。

第二节　以国家中央主体生态功能示范区为战略导向，优化秦巴山脉交通整体布局

一、着眼于对外要"便捷"，加快建设，优化提升主通道

有序实施"四横、五纵、一环"的交通主通道规划，形成以秦巴山脉国家中央公园为核心，纵贯关中—天水经济区与成渝经济区，横接中原经济区和武汉城市圈，通江达海的交通运输主通道。其中，"四横"为南阳—商洛—西安通道、襄阳—十堰—安康—汉中—九寨沟通道、西安—汉中—广元—绵阳通道、宜昌—万州—达州—巴中—广元通道；"五纵"为洛阳—南阳—襄阳通道、三门峡—十堰—宜昌通道、西安—安康—重庆通道、宝鸡—汉中—巴中—广安通

道、兰州—广元—成渝通道；"一环"为跨陕西、甘肃、四川、湖北、河南、重庆五省一市的西安—宝鸡—陇南—九寨沟—广元—汉中—安康—十堰—三门峡—西安大循环旅游线。

（1）以轨道、高速公路为重点，加快畅通对外运输通道，支持和促进秦巴山脉国家中央公园的形成与发展。

第一，轨道。抓紧落实国家铁路规划，通过新建高标准快速铁路和既有线增建二线，加快构建与周边省会城市快捷大能力通道：一是继续建设西成铁路、郑万铁路、武襄十铁路、兰渝铁路、成兰铁路、内蒙古西部至华中铁路、阳安增二线等项目建设，力争"十三五"期间形成能力。二是规划建设西安至十堰高速铁路，与武襄十铁路形成一条西北至华中的高速铁路通道；规划建设宜昌至郑万铁路联络线，形成西南地区与华中的一条便捷高速铁路通道。三是加快推进汉巴南铁路、阳安铁路与兰渝铁路联络线、三门峡至洋口铁路等项目的前期工作，促进区域经济社会协调发展，进一步优化路网结构。到2020年，规划区域内铁路网规模将达到3 094千米[5]，路网密度达到137.5千米/万千米²；复线率为86.4%，电化率为100.0%；区域内80个县市中有45个县市通有铁路，铁路覆盖率提高到56.3%；区域形成以西成、武襄十、郑万铁路、襄渝、西康、宝成、西合、兰渝、阳安和内蒙古西部至华中等干线铁路为主骨架的对外大能力通道，对外通道能力基本满足区域运输需求。

第二，高速公路。进一步优化对外通道布局，以国家高速公路、国家区域规划确定的重点项目为重点，继续加快国家高速公路建设，并适时优先启动其他具有明显区域通道功能的地方高速公路建设，实现与周边地区高速公路直接对接。重点是打通重要通道的瓶颈路段，加快推进G5广元—川陕、G65达州—川陕、G75川甘—南充、G7011汉中—略阳等路段的建设；开工建设新增国家高速公路巫溪—镇坪、奉节—建始、桃园—巴中、巴中—广安—重庆、安康—平利等路段。将湖北丹江口—河南洛阳内乡高速公路、洛南—卢氏高速公路、兰州—成都高速连接线、丹凤—宁陕高速公路等纳入下一轮规划研究。

（2）以汉江与嘉陵江两大水系为依托，优先发展绿色低碳环保交通运输方式。航道方面，突出骨架航道的建设，增加四级以上航道里程，充分发挥水运的规模效益；渠化、整治主要支流航道，逐步实现干支直达。港口方面，继续加强集装箱、汽车滚装等专业化货运码头和主要景区旅游客运码头的建设；加强主要港区的快速疏港通道建设及其与跨区域铁路、公路主骨架的衔接。

（3）充分发挥航空运输便捷高效和通达性强的比较优势，进一步整合机场资源，完善民航基础设施布局和建设，扩大区域航空服务范围。对整个航空运输的发展进行通盘考虑，确立总体发展战略。进一步利用、整合区域内的机场资源，提高现有机场利用率。健全和完善民用航空机场布局，强化机场枢纽功能建设，强化在西安、郑州、武汉、成都、兰州和重庆等枢纽机场的航班中转衔接，积极开辟拓展区枢纽机场与核心区支线机场之间的新航线，引导航空公司提升支线航空的通达、通畅能力，形成以区域枢纽中转为支撑连接核心区的对外交通空中通道，打造拓展区干线枢纽机场到核心区支线机场一小时航空圈，形成秦巴山脉区域通达全国三小时航空服务圈。

（4）加强各种交通方式的有效衔接与协作，以不同运输方式之间、对外交通与城市交通之间的规划、建设和运营衔接为重点，按照零距离换乘和无缝衔接的理念，规划实施集疏运体系，构建十堰、汉中、广元、巴中、陇南、安康和商洛等区域性综合交通枢纽，汇集多种交通方式，实现"零换乘"和"一体化"。加强支线机场地面交通网络的衔接和相关运输服务的配套，通过在机场设立"一站式"游客综合服务中心的方式，完善机场地面集疏运服务体系。充分发挥周边枢纽机场综合交通中心的枢纽服务功能，加强航空与高铁的换乘衔接，实现中远程航空客流依托高铁网络高效通达秦巴山脉核心区。

二、着眼于内部要"通畅"，尽快消除交通次干线上的短板，加密改善交通微循环

基本消灭国省道网中的"断头路"，国道基本达到二级公路标准、省道基本达到三级公路标准。

加强与国家高速公路、铁路网规划的衔接，加快省道、专支线铁路及主通道联络线的规划建设。

以普通国省道为主，打通省际、县际断头路，有重点地建设一批连接重要资源开发地与旅游景区、对经济发展有突出作用的公路，增强区域自我发展能力。着力提高普通国省干线中二级及以上公路比例，加强通县二级公路建设，强化制约贫困地区经济发展的瓶颈路段建设。加大危桥改造力度，加强安保设施建设，提升干线公路抗灾能力。形成较为完善的"外通内联"干线公路网络，使国道二级及以上比例达到90%以上。重点对片区内G108、G207、G209、G210、G212、G313、G312和G316等瓶颈路段升级改造，进一步提高通行能力。

依托周边地区枢纽机场，加快完善有效连接核心区的机场支线网络，构建"干支衔接、协调发展"的航线网络结构（表3-1和表3-2），形成以大带小、良性互动的局面。积极开辟新航线，引导航空公司开展代码共享、串飞航线等形式，提升支线航空的通达、通畅能力。将航空服务与秦巴山脉区域旅游资源相结合，以秦巴山脉核心区内自然人文旅游景区的开发和旅游线路设计为指引，依托广元、汉中、安康和十堰等核心区内的枢纽节点城市，建设"秦巴旅游航空服务体系"，引导航空公司选择合适的小型支线客机，构筑区内旅游环飞航线，打造核心区支线机场间一小时航空圈旅游航线，促进区域内旅游资源一体化协同发展。

表3-1   秦巴山脉核心内在建运输机场（2016~2020年新增）列表

序号	机场	所在地		干/支线机场	飞行区等级	2020年设计旅客吞吐量
		省	市			
1	安康富强机场	陕西	安康	支线机场	4C	30万人次
2	十堰武当山机场	湖北	十堰	支线机场	4C	88万人次
3	巴中恩阳机场	四川	巴中	支线机场	4C	45万人次
4	陇南成县机场	甘肃	陇南	支线机场	4C	15万人次
5	重庆巫山机场（原巫山神女峰机场）	重庆	巫山	支线机场	4C	28万人次

表3-2   秦巴山脉核心区内2021~2030年规划新增运输机场列表

序号	机场	所在地		干/支线机场	飞行区等级
		省	市		
1	宝鸡机场	陕西	宝鸡	支线机场	4C
2	商洛支线机场	陕西	商洛	支线机场	4C
3	渭南华山机场	陕西	渭南	支线机场	4C
4	平顶山尧山机场	河南	平顶山	支线机场	4D
5	阆中机场	四川	阆中	支线机场	3C
6	万源白沙机场	四川	万源	支线机场	4D
7	定西机场	甘肃	甘南藏族自治州	支线机场	

　　充分利用区域内空域资源和支线机场布局资源发展通用航空，构建符合秦巴山脉区域绿色循环生态要求的多元化通用航空服务体系。进一步完善通用航空起降点布局，重点在区域内的景点景区、城镇聚集区、产业园区和重要交通枢纽场站设立通用航空临时起降点等保障设施，完善通用航空运营服务基础网络；依托重点景区可开展观光旅游、娱乐飞行等航空旅游项目，提升旅游开发水平；依托区域内机场布局体系，拓展以小型固定翼和直升机等为载体的航空短途运输服务（空中出租车）及航空培训等业务，充分满足航空个性化服务的需求；充分利用通用航空农林作业功能，在秦巴山脉区域开展航空护林、森林灭火和农药喷洒等服务，提高公益性服务效率；充分发挥直升机等通用航空器运行灵活高效等特点，加快完善以通用航空为核心的交通应急救援体系，加强对各类突发应急事件的处置能力。

　　加强汉江、嘉陵江和渠江等干支流航道整治，完善通航设施，建设广元、安康等港口。

　　基本实现所有具备条件的乡（镇）通沥青（水泥）路、建制村通公路，所有具备条件的建制村通沥青（水泥）路。加快改善农村交通条件，缩小城乡交通基本公共服务差距，促进城乡交通协调发展。继续以通乡油路和通村公路建设为重点，加快农村公路建设，适时启动建制村的"通畅"工程，积极引导农村客运站点建设，大力推动农村客运发展，加快提高农村地区交通条件。同步建设必要的安全防护设施和中小桥梁，提高农村公路抗灾能力和设施安全水平。结合扶贫整体推进、异地搬迁和生态移民等政策，重点提高具备条件的乡（镇）和建制村通沥青（水泥）路比例。

　　以加强县乡联通、促进资源和旅游开发为重点，加快推进一批对贫困地区经济社会发展有重要作用的县乡公路改造工程，为提高该区域自我发展能力提供交通保障。重点建设一批具有县际出口通道功能，以及连接重要产业园区、旅游景区、矿产资源开发基地等主要节点的县乡公路，逐步消除断头路。

　　加快县城老旧客运站改造，依托农村公路建设同步推进乡（镇）、建制村客运站（点）建设，尽快形成以县级客运站为龙头、以乡（镇）客运站为重点，以建制村汽车停靠点（招呼站或候车亭牌）为辅助，建立多层次、高效率的农村客运站场体系。加强乡（镇）客运站、农村货运站与农村邮政局所的有机结合，适当拓展农村交通基础设施服务功能。结合县乡客运站和邮政配送体系建设，统筹协调，建立功能较为齐备的货运服务体系，实现乡（镇）物流节点的广泛覆盖。

第三节　以绿色循环发展为核心理念，推动秦巴山脉 交通发展转型升级

一、建设集约低碳的交通基础设施

　　树立全寿命周期成本理念，将节约能源资源要求贯彻到交通基础设施规划、设计、施工、运营、养护和管理全过程。在交通基础设施建设和养护中，大力推广应用节能型建筑养护装备、材料及施工工艺。加大可再生循环利用技术在交通基础设施运营中的应用[6]。

　　加强土地和岸线资源集约利用。严格建设项目用地审查，合理确定建设规模。优化设计，因地制宜采取有效措施，减少耕地占用，避让基本农田保护区。加强综合交通枢纽用地的综合立体开发。节约集约利用交通通道线位资源。

　　遵循"减量化、再利用、资源化"原则，积极探索资源回收和废弃物综合利

用的有效途径。大力开展废旧材料的再生和综合利用，提高资源再利用水平。加强钢材、水泥、木材和砂石料等主要建材的循环利用。

严格执行交通建设规划和建设项目环境影响评价、环境保护"三同时"与建设项目水土保持制度。提倡生态环保设计，严格落实环境保护、水土保持措施。推进绿化美化工程建设。

二、应用节能环保的交通运输装备

优化交通运输装备结构。提高交通运输装备、机械设备能效和碳排放标准，严格实施运输装备、机械设备能源消耗量准入制度。积极推广应用高能效和低排放的交通运输装备、机械设备，加快淘汰高能耗和高排放的老旧交通运输装备、机械设备，提高交通运输装备的生产效率和整体能效水平。

推进以天然气等清洁能源为燃料的运输装备和机械设备的应用，加强加气、供电等配套设施建设。推广应用混合动力交通运输装备，推进合同能源管理在用能装备和系统中的应用。

严格落实交通运输装备废气净化、噪声消减、污水处理和垃圾回收等装置的安装要求，有效控制排放和污染。严格执行交通运输装备排放标准和检测维护制度，加快淘汰超标排放交通运输装备。鼓励选用高品质燃料。加强交通运输污染防治和应急处置装备的统筹配置与管理使用。

三、发展绿色高效的交通运输组织

（1）优化客运组织。引导客运企业实施规模化、集约化经营，加强运输线路、班次和舱位等资源共享，推进接驳运输、滚动发班等先进客运组织方式。利用互联网技术，推广联程售票、网络订票和电话预订等方便快捷的售票方式及信息服务，提高客运实载率。

（2）加快发展绿色货运和现代物流。大力发展滚装运输、驮背运输等。依托综合交通运输体系，完善邮政和快递服务网络，提高资源整合利用效率。

（3）优先发展公共交通，大幅度提高公共交通出行分担比例。优化城市公共交通线路和站点设置，科学组织调度，逐步提高站点覆盖率、车辆准点率和乘客换乘效率，改善公共交通通达性和便捷性，提升公交服务质量和满意度，增强公交吸引力。

（4）引导公众绿色出行。积极倡导公众采用公共交通、自行车和步行等绿色出行方式。合理布局公共自行车配置站点，方便公众使用，减少公众机动化出行。

第四节 以保护生态环境为重要红线，推动秦巴山脉 交通安全风险防控一体化

一、加强交通运输安全风险防控

基本建成以交通运输安全风险辨识、评估和防控为核心的交通安全风险管理体系，基本实现重大风险源可识、可防、可控；基本消除交通基础设施安全隐患；基本实现对长途客运车辆、重型货运车辆和危险货物运输车辆的动态监控。到2030年，全面建成交通安全风险管理体系，实现对长途客运车辆、重型货运车辆、危险货物运输车辆的全面动态监控，交通事故率和死亡率显著降低。

（1）健全交通运输安全风险管理体系。建立安全风险隐患防控体系，制订、修订公路隐患治理标准，全面建立隐患排查、治理、督办和评估长效机制，有序对所有公路进行全面排查、治理，确保公路及其附属设施处于良好的技术状况。推动秦巴山脉区域交通运输安全风险防控一体化进程，完善监控网络，实现对长途客运车辆、重型货运车辆和危险货物运输车辆的动态监控，确保区域内重大风险源可识、可防、可控。建立跨区域、跨部门预警信息快速通报与联动响应机制。

（2）增强交通基础设施可靠性。加大公路安保工程实施力度，实施桥梁改造、灾害防治、排水系统整治及隧道治理等工程。加强港口航道引航装备、防台风设施的建设，加快应急锚地、避风锚地和危险品锚地建设，加强堤岸保护措施；加强航运枢纽、过船建筑物等航道设施及其他航道附属设施的改扩建，加强内河安全监管设施建设，完善桥梁水域航标配布。

（3）加强运输安全监管。推进道路运输安全监控中心、运输企业安全监控平台、"两客一危"运输车辆安全运行监测预警系统、内河客渡船安装卫星定位及视频监控系统建设；落实危险货物港口码头的安全监管责任；落实车辆、人员、场站与安全应急等方面的安全生产管理制度和标准规范；加强驾乘人员教育培训；开展定期安全检查、隐患排查整治和应急演练，提高事故防范和应急处理能力；积极推进"两客一危"运输车辆和城市公共交通车辆安装卫星定位与视频监控设施设备，提供实时报警、录像和图像传输等功能。

（4）有序组织危险品的过境运输。针对秦巴山脉国家中央主体生态功能示范区内的货物运输实行特殊的管控措施，围绕中央水库等生态极度敏感区域划出交通运输红线，严格限制危险化学品等货物运输从这些区域通过。对秦巴山脉区

域过境运输通道进行统筹规划和设计，制定相关政策，尽可能避免过境交通直接进入秦巴山脉核心区域。

二、提升交通运输应急保障能力

基本建成反应迅速、处置高效的交通应急救援系统，实现一般灾害情况下公路抢通时间小于12小时，交通运输系统应急处置能力显著增强。到2030年，交通运输应急救援到达时间不超过1小时，实现灵活、高效、迅速应对各类交通应急救援事件。

（1）完善各级应急预案体系，定期组织突发事件应急演练，积极参与地方政府主导的综合性突发事件应急演练，建立稳定、长效的协作机制。

（2）推进应急保障能力体系建设。积极推进设区市交通运输运行监测与应急处置中心建设，实现各级机构建设和平台系统的对接运行；推进危险货物作业港区危化品应急救援队伍建设及相关应急设备的投入、配备和使用等相关工作；加快通用航空起降场建设，布局直升机临时起降点，发挥直升机在应对抢险救灾、反恐维稳和处置突发事件时的作用；提升重点水域应急搜救能力。

第四章　促进秦巴山脉绿色交通运输发展的保障措施

第一节　支持秦巴山脉绿色交通体系建设

（1）建议国家发展改革、交通运输、铁路、民航等部门与秦巴山脉区域有关政府共同研究制定支持秦巴山脉区域绿色交通发展的思路、途径和模式，开展试点示范。

（2）建议国家发展改革、交通运输、自然资源等相关部门研究出台支持秦巴山脉区域交通发展政策。协调加快相关交通基础设施项目前期工作。对纳入国家公路网规划、中长期铁路网规划、全国民用机场布局规划等规划的建设项目，进一步简化审批程序，加快项目建设落地。对秦巴山脉核心区的交通建设项目资金给予政策性倾斜，加大中央资金的投入比例。

（3）建议通过政策创新，由中国民用航空西北地区管理局、西南地区管理局和中南地区管理局共同审批秦巴山脉核心区支线机场间互通航线。建议国家加快低空空域管理体制改革，在秦巴山脉核心区分类划设低空空域和低空航路，并建立低空飞行空管服务体系，满足该区域通用航空运行的需要。

（4）建议国家继续加大对秦巴山脉区域农村公路建设的投资支持力度；支持具备条件地区适时启动通建制村沥青（水泥）路建设；加大汉江、嘉陵江航道整治的资金支持力度。积极争取财政支持，解决库区船舶污染问题。

第二节　开展政策创新并积极争取国家试点示范

（1）创新秦巴山脉区域交通运输发展投融资政策。研究设立秦巴山脉绿色交通体系发展基金，探索资源捆绑模式，开展试点示范。对列入国家、各省市交通建设规划的项目予以优先考虑，并在建设项目资金上给予倾斜，加大中央资金投入的比例。允许秦巴山脉开展投融资政策创新示范，探索公共私营合作制（public-private partnership，PPP）等方式支持交通运输发展的机制。

（2）借鉴欧美经验，建立秦巴山脉区域绿色交通发展区域协作机制，成立由相关地方领导共同参加的区域协作委员会，定期对区域内的交通建设与管理等重大问题进行商讨。建立跨行业协作机制，加强行业横向联动，实现产业、环保和交通协调发展。通过跨区域、跨行业协作机制，尽快编制区域综合交通规划，对区域内的交通运输发展进行顶层设计。支持秦巴山脉核心区支线机场相互开通航班，打造多样便捷的旅游线路。

（3）争取将秦巴山脉区域绿色交通发展纳入国家相关的试点示范，如低碳交通城市、公交都市等。争取国家发展和改革委员会、交通运输部等部门与秦巴山脉区域有关政府共同研究制定支持秦巴山脉区域绿色交通发展的思路、途径与模式，开展试点示范，对其他贫困山区的发展起到良好的试点示范作用。

参 考 文 献

[1]国务院扶贫开发领导小组办公室，国家发展和改革委员会. 秦巴山片区区域发展与扶贫攻坚规划（2011—2020年）. 2012.

[2]国家发展和改革委员会.国家公路网规划（2013年—2020年）. 2013.

[3]中国民用航空局. 全国民用机场布局规划. 2008.

[4]中华人民共和国交通部. 全国内河航道与港口布局规划. 2007.

[5]中华人民共和国铁道部. 中长期铁路网规划. 2004.

[6]中华人民共和国交通运输部.加快推进绿色循环低碳交通运输发展指导意见. 2013.

附 录 1

一、秦巴山脉区域综合交通现状图

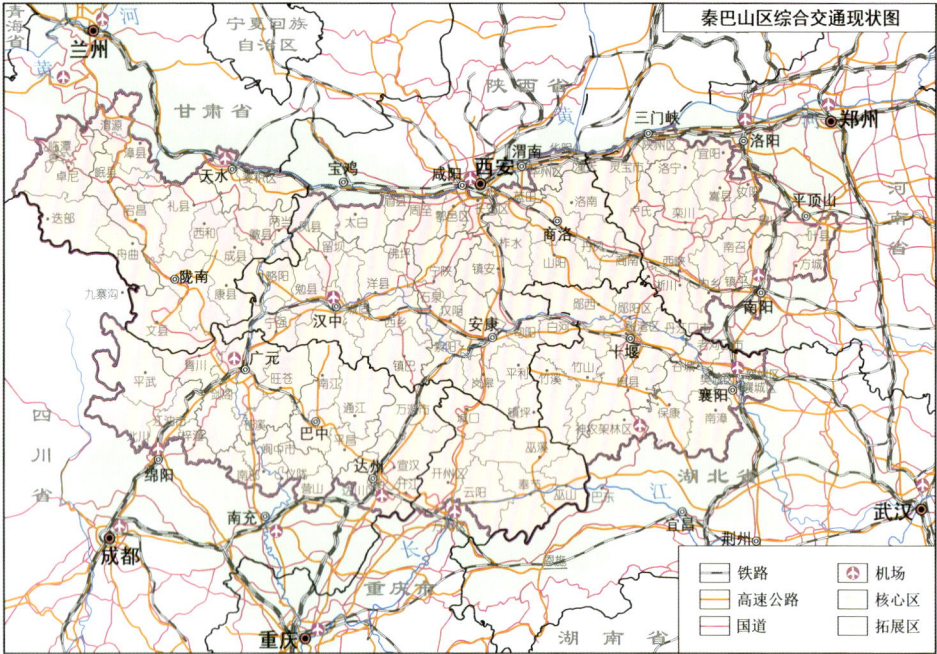

附图1-1 秦巴山区综合交通现状图

二、秦巴山脉区域综合交通规划图

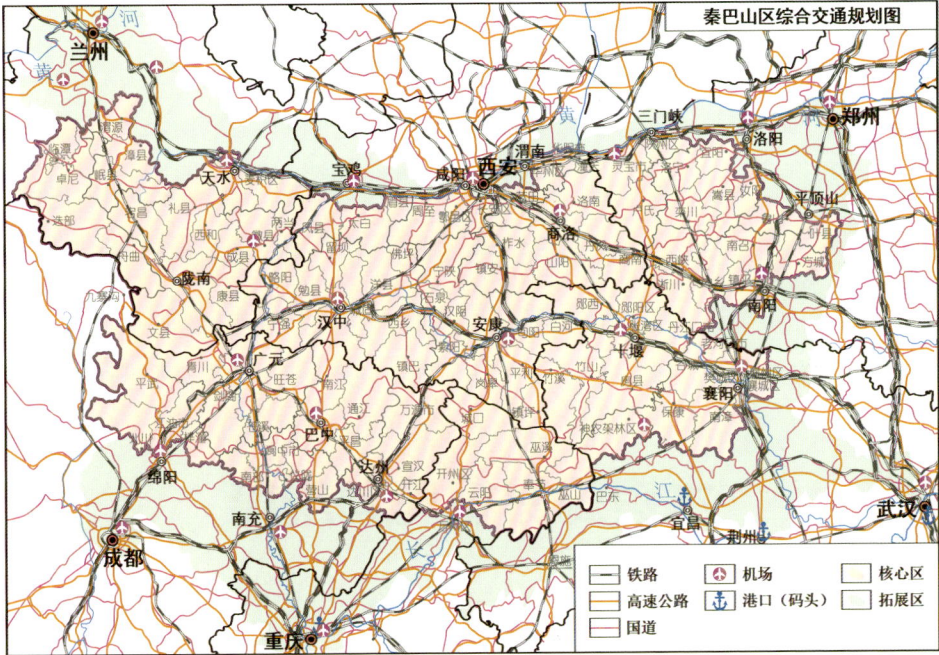

附图1-2　秦巴山区综合交通规划图

水资源保护与利用篇

第五章 秦巴山脉水资源保护与利用现状

秦巴山脉区域水资源丰富，拥有我国最优质的水源区，嘉陵江、汉江、丹江及汉江最大支流堵河均发源于此，每年汇入长江、黄河及淮河累计水量达1 524.46亿立方米，其中长江为1 445.79亿立方米，黄河为70.04亿立方米。同时，秦巴山脉还是南水北调的中线工程水源地，亚洲最大的人工淡水湖——丹江口水库所在地。南水北调中线工程从汉江的丹江口水库引水，而秦巴山脉陕西片区是南水北调丹江口水库水源的涵养和控制区。

以下就秦巴山脉的水资源现状、水环境现状、水资源开发利用现状和相关规划、政策四个方面，对其水资源保护与利用现状进行具体介绍。该部分数据来源于调研过程中各地方环保部门、水利部门提供的数据及各省（市）的《水资源公报》等。

第一节 秦巴山脉水资源现状

一、降水量

秦巴山脉气候类型多样，垂直变化显著，有北亚热带海洋性气候、亚热带—暖温带过渡性季风气候和暖温带大陆性季风气候，年均降水量400~1 300毫米。整个秦巴山脉区域多年平均降水量整体情况呈北比南少、西比东少，中部、南部多年平均降水量较大，东部、西部、北部降水量偏少的特点。

秦巴山脉区域主要市（县）2010~2013年及历史降水量如表5-1所示。

表5-1　秦巴山脉区域主要市（县）2010~2013年及历史降水量

省（市）	主要市（县）	2010~2013年降水量/毫米				历史年均降水量/毫米	历史降水量/毫米	
		2010年	2011年	2012年	2013年		最大	最小
河南省	洛阳市	823	873	525	502	697	1 153	419
	平顶山市	1 046	900	603	590	710	1 283	380

续表

省（市）	主要市（县）	2010~2013年降水量/毫米				历史年均降水量/毫米	历史降水量/毫米	
		2010年	2011年	2012年	2013年		最大	最小
河南省	卢氏县	727	784	513	502	546	899	333
	南阳市	1 062	784	687	595	778	1 347	484
重庆市	城口县	1 148	1 292	1 156	1 058	1 261	1 755	829
	云阳县	1 005	1 142	1 001	989	1 165	1 786	837
	奉节县	950	1 071	933	979	1 261	1 924	820
	巫山县	978	1 013	843	1 005	1 203	1 940	844
	巫溪县	1 289	1 340	1 159	1 299	1 385	2 205	910
	开县[1]	986	1 422	992	967	1 132	1 786	837
	万州区	1 014	1 433	1 024	978	1 125	1 886	843
四川省	绵阳市	1 343	1 305	1 104	1 121	1 097	1 700	577
	广元市	1 287	1 309	1 084	1 022	1 031	1 724	603
	南充市	1 068	972	1 173	928	1 083	1 699	692
	达州市	1 046	1 303	1 147	1 355	1 199	1 503	798
	巴中市	1 198	1 278	1 033	1 005	1 117	1 632	768
陕西省	西安市	819	723	427	498	632	957	312
	宝鸡市	773	1 025	715	590	620	939	422
	汉中市	1 072	1 298	869	1 052	911	1 238	653
	渭南市	626	737	418	385	586	958	439
	安康市	1 131	1 068	815	655	875	1 726	587
	商洛市	917	915	528	575	759	1 680	429
甘肃省	陇南市	653	644	428	466	625	1 389	327
	天水市	474	532	672	708	547	886	341
	定西市	378	453	490	563	483	784	286
	甘南藏族自治州	535	544	589	556	528	731	327
湖北省	十堰市	954	727	785	723	828	1 133	538
	襄樊市[2]	863	813	727	732	857	1 247	554

1）现开州区。2016年6月，国务院正式批准撤销重庆市开县，设立重庆市开州区
2）现襄阳市。2010年11月26日，国务院正式批复同意襄樊市更名为襄阳市

从表5-1可以看出，秦巴山脉区域降水量主要具有以下两个特征。

（1）降水量空间分布不均匀。

图5-1为秦巴山脉各省（市）多年平均降水量图。由表5-1和图5-1可知，重庆市、四川省多年平均降水量可达1 000毫米以上，属丰水区；河南省、陕西省、甘肃省降水量较少，多年平均降水量仅为500~800毫米，属枯水区；湖北省多年平均降水量较均匀，在700~900毫米，属平水区。此外，表5-1显示了在同一省（市），各市（县）降水量也有明显差异。

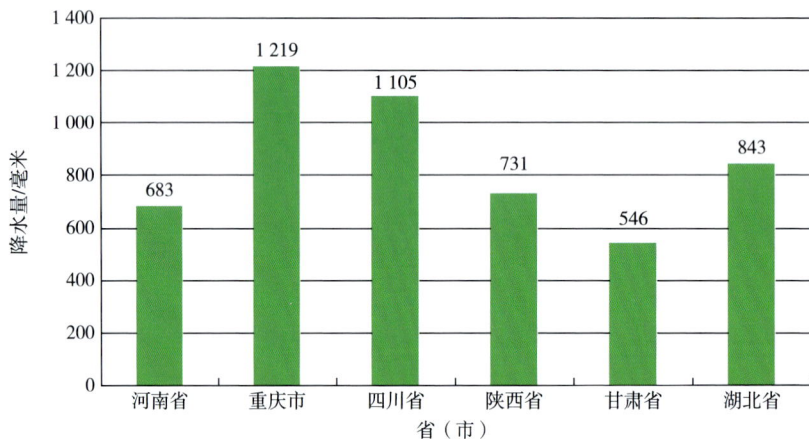

图5-1　秦巴山脉各省（市）多年平均降水量图

（2）降水量时间分布不均匀。

降水量时间分布的不均匀性主要表现在两个方面：第一，降水量年际变化十分明显（表5-1），且多数市（县）呈逐渐减少的趋势，秦巴山脉区域内大部分市（县）2010~2013年降水量出现2010年、2011年大于多年平均降水量，2012年、2013年小于多年平均降水量的情况。第二，降水量月度变化明显，秦巴山脉区域有两个明显的多雨期，两个少雨期，一个炎热暴雨期。4月中旬至5月中旬和9月到10月上旬为多雨时段，其特点为降水和缓，时间较长；6月上旬、中旬和8月上旬、中旬为干旱少雨期，其特点为降水少、温度高、蒸发量大；7月为炎热暴雨期，其特点为气温高、暴雨多、降水量虽大但间隔时间长。各个省（市）多年平均月度降水量见表5-2~表5-7，多年平均月度降水量折线图见图5-2~图5-7。

表5-2　河南省多年平均月度降水量

月份	1月	2月	3月	4月	5月	6月	7月	8月	9月	10月	11月	12月
降水量/毫米	9.0	15.9	26.4	36.9	50.2	62.9	140.0	97.4	84.1	45.2	19.5	11.8

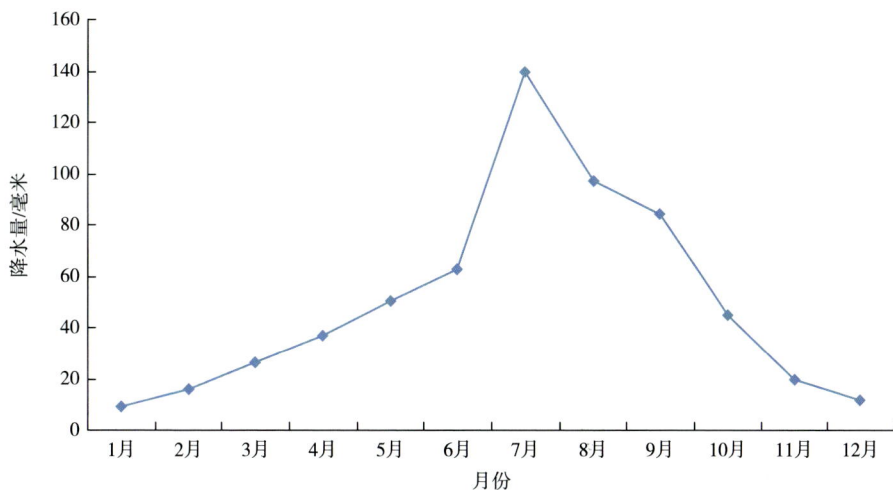

图5-2 河南省多年平均月度降水量折线图

表5-3 重庆市多年平均月度降水量

月份	1月	2月	3月	4月	5月	6月	7月	8月	9月	10月	11月	12月
降水量/毫米	19.5	20.6	36.2	105.0	152.0	171.0	175.0	134.0	127.0	92.4	45.9	24.9

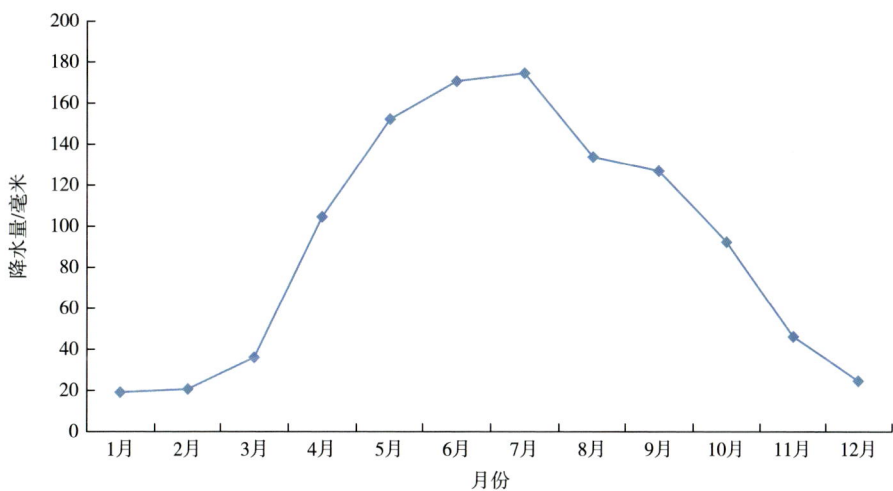

图5-3 重庆市多年平均月度降水量折线图

表5-4 四川省多年平均月度降水量

月份	1月	2月	3月	4月	5月	6月	7月	8月	9月	10月	11月	12月
降水量/毫米	3.3	8.1	31.8	56.2	94.3	143.0	276.0	229.0	142.0	55.0	18.1	13.2

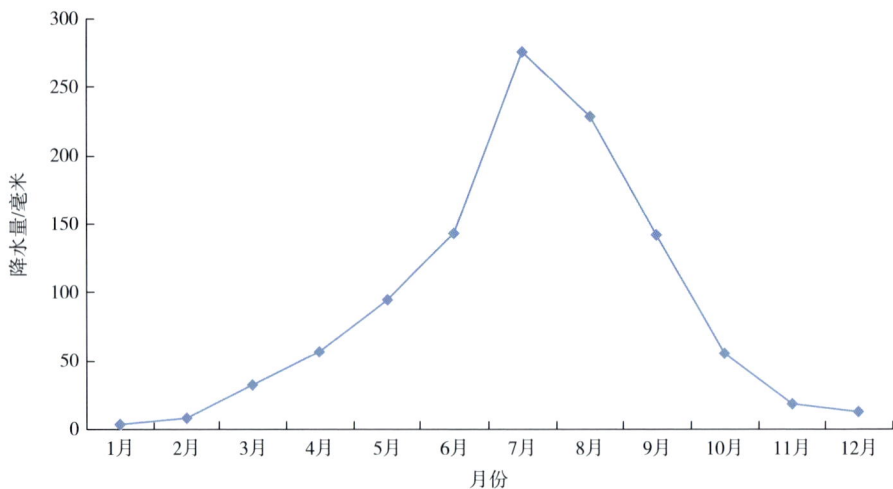

图5-4　四川省多年平均月度降水量折线图

表5-5　陕西省多年平均月度降水量

月份	1月	2月	3月	4月	5月	6月	7月	8月	9月	10月	11月	12月
降水量/毫米	6.2	16.7	22.0	38.0	54.0	62.1	74.2	113.0	197.0	29.0	22.0	1.2

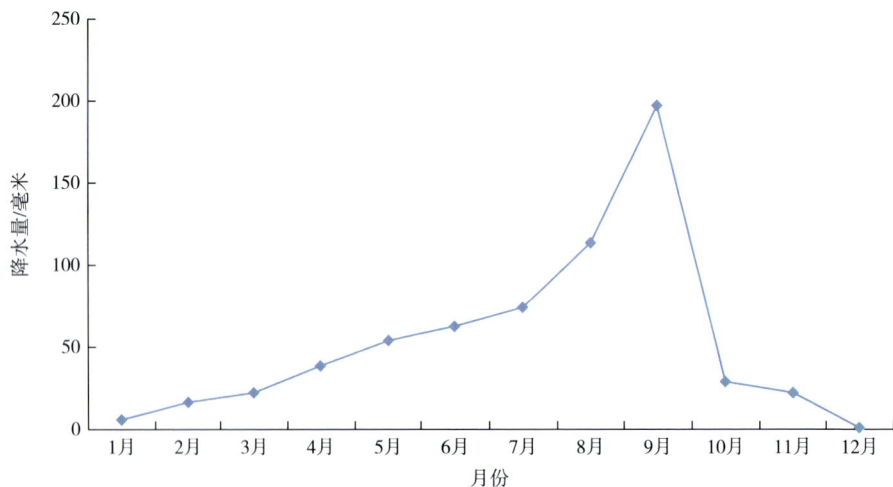

图5-5　陕西省多年平均月度降水量折线图

表5-6　甘肃省多年平均月度降水量

月份	1月	2月	3月	4月	5月	6月	7月	8月	9月	10月	11月	12月
降水量/毫米	4.1	6.1	19	38	55.4	63.5	111	103	84.8	42.7	16.8	3.4

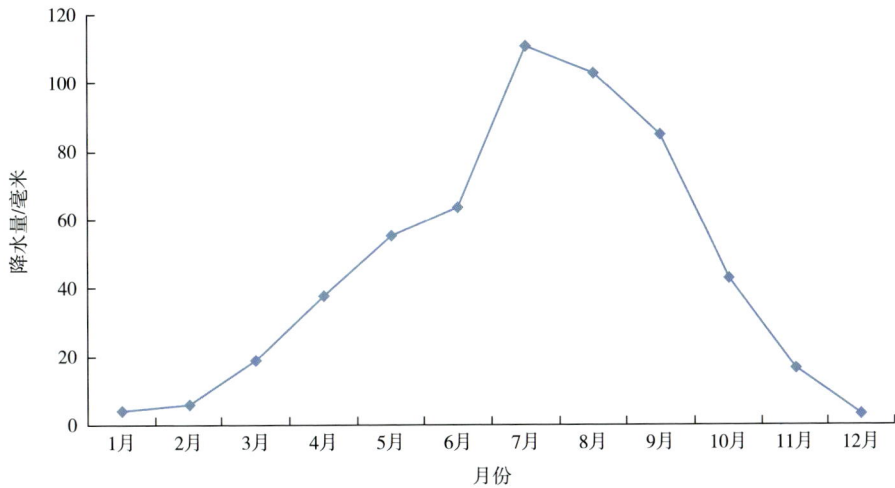

图5-6　甘肃省多年平均月度降水量折线图

表5-7　湖北省多年平均月度降水量表

月份	1月	2月	3月	4月	5月	6月	7月	8月	9月	10月	11月	12月
降水量/毫米	12.7	25.4	84.7	66.1	98.3	69.5	226.0	97.4	88.1	54.2	11.9	12.7

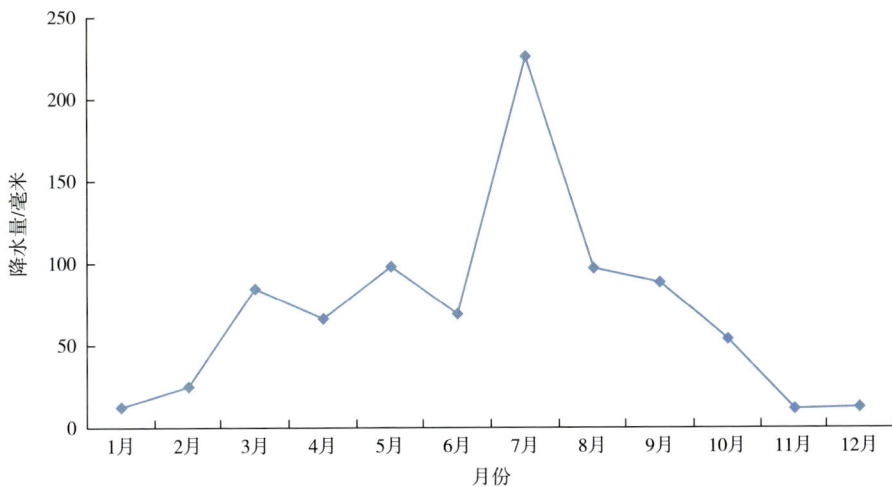

图5-7　湖北省多年平均月度降水量折线图

二、地表水资源量

秦巴山脉区域幅员辽阔，山河众多，流域水系发达，河网密布，一级、二级支流集水面积在5~100平方千米的河流有254条，集水面积在100~1 000平方千米的河流有93条，集水面积大于1 000平方千米的有褒河、水河等十余条河流，分布于汉江干流的左右岸。这些支流多为山溪性河流，发源于峻岭峡谷之中，小溪、山泉数量巨大，空间分布零散，水质优良、透明清澈，创造了优越的生态环境，丰富的地表水资源量保证了整个秦巴山脉区域水资源处于丰水区水平。秦巴山脉区域多年平均地表水资源量为1 079.4亿立方米，占水资源总量的75.9%。其中，河南片区45.3亿立方米，重庆片区183.3亿立方米，四川片区260.8亿立方米，陕西片区318.8亿立方米，甘肃片区161.8亿立方米，湖北片区109.4亿立方米。

秦巴山脉区域主要市（县）2010~2013年及多年平均地表水资源量见表5-8。

表5-8　秦巴山脉区域主要市（县）2010~2013年及多年平均地表水资源量

省（市）	主要市（县）	2010~2013年地表水资源量/亿立方米				多年平均地表水资源量/亿立方米
		2010年	2011年	2012年	2013年	
河南省	洛阳市	14.2	12.4	6.5	3.6	8.8
	平顶山市	7.1	4.2	2.5	2.5	4.4
	三门峡市	6.0	19.7	4.1	3.3	8.5
	南阳市	97.6	44.8	31.1	12.5	23.6
重庆市	城口县	25.9	38.1	26.1	23.5	24.8
	云阳县	16.5	32.8	16.4	15.8	22.7
	奉节县	24.3	38.7	23.0	25.2	16.4
	巫山县	19.2	28.8	14.7	20.1	20.5
	巫溪县	43.6	74.8	37.3	44.1	48.2
	开县	18.5	28.8	26.4	18.4	24.9
	万州区	27.7	32.1	21.4	19.9	25.8
四川省	绵阳市	67.5	67.6	64.1	68.2	67.1
	广元市	68.1	69.4	77.2	71.1	64.2
	南充市	18.0	17.2	17.2	16.4	18.2
	达州市	48.9	45.9	44.4	44.9	49.7
	巴中市	53.4	58.3	60.9	66.5	61.6
陕西省	西安市	11.6	11.5	10.8	10.1	10.6
	宝鸡市	8.9	9.2	8.9	8.6	9.2
	汉中市	178.1	224.4	145.3	141.2	144.1
	渭南市	4.3	4.3	4.2	4.2	4.2
	安康市	139.4	154.4	98.8	68.8	106.5
	商洛市	67.8	71.5	32.3	23.7	44.2

省（市）	主要市（县）	2010~2013年地表水资源量/亿立方米				多年平均地表水资源量/亿立方米
		2010年	2011年	2012年	2013年	
甘肃省	陇南市	91.7	108.9	95.6	72.6	97.8
	天水市	3.5	4.4	5.5	7.0	4.4
	定西市	4.9	5.6	6.0	6.4	5.8
	甘南藏族自治州	52.3	52.6	54.0	54.1	53.8
湖北省	十堰市	86.3	62.6	54.3	73.3	73.8
	襄樊市	40.1	32.5	28.1	27.5	35.6
总计		1 245.4	1 355.5	1 017.1	953.5	1 079.4

从表5-8可以看出，秦巴山脉地表水资源量主要具有以下两个特征。

（1）地表水资源空间分布不均匀。

图5-8为秦巴山脉区域各省市（片区）多年平均地表水资源量。从表5-8和图5-8可以看出，各省市（片区）地表水资源量差异较大，四川片区、陕西片区地表水资源量远大于河南片区、甘肃片区、重庆片区和湖北片区。此外，同一省市（片区）内不同地区地表水资源量也存在较大差异，如陕西省渭南市多年平均地表水资源量只有4.2亿立方米，而汉中市却高达144.1亿立方米。这种巨大的地域差异不仅跟地形、降水量有关，还跟当地区域面积、用水情况等有关。

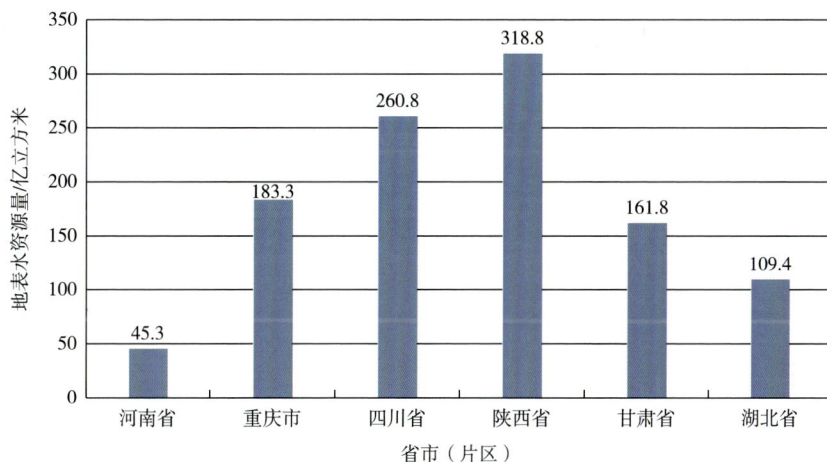

图5-8　秦巴山脉区域各省市（片区）多年平均地表水资源量

（2）地表水资源量年际变化明显。

降水量是地表水资源量的重要来源，地表水资源量表现出与降水量同步的变化，也具有时间分布上的不均匀性。

三、地下水资源量

秦巴山脉多年平均地下水资源量为348.2亿立方米，占水资源总量的24.1%。其中，河南片区17.9亿立方米，重庆片区52.0亿立方米，四川片区99.9亿立方米，陕西片区82.6亿立方米，甘肃片区51.8亿立方米，湖北片区44.0亿立方米。

秦巴山脉区域主要市（县）2010~2013年及多年平均地下水资源量见表5-9。

表5-9　秦巴山脉区域主要市（县）2010~2013年及多年平均地下水资源量

省（市）	主要市（县）	2010~2013年地下水资源量/亿立方米				多年平均地下水资源量/亿立方米
		2010年	2011年	2012年	2013年	
河南省	洛阳市	5.8	6.3	5.2	3.4	6.5
	平顶山市	2.8	2.3	1.7	1.5	2.3
	三门峡市	2.8	8.3	1.9	1.3	3.8
	南阳市	11.9	3.6	8.3	6.0	5.3
重庆市	城口县	7.4	8.3	7.8	7.0	6.2
	云阳县	3.1	3.0	3.0	3.0	4.1
	奉节县	4.7	5.5	3.9	5.2	16.3
	巫山县	4.2	4.9	4.5	4.7	4.4
	巫溪县	8.2	9.4	7.0	9.0	11.5
	开县	5.1	4.5	4.6	4.6	4.9
	万州区	4.4	4.2	4.2	4.2	4.6
四川省	绵阳市	14.2	14.3	22.3	22.5	25.3
	广元市	18.2	18.2	18.1	18.6	18.7
	南充市	21.4	22.6	19.0	17.8	21.5
	达州市	26.7	28.3	23.7	22.2	26.8
	巴中市	10.3	10.4	10.6	10.7	7.6
陕西省	西安市	5.1	5.4	4.9	4.9	5.1
	宝鸡市	4.2	4.4	4.1	4.1	4.3
	汉中市	33.0	42.9	32.9	32.1	31.7
	渭南市	4.3	4.3	4.3	4.2	4.4
	安康市	21.7	22.6	18.7	15.4	17.5
	商洛市	18.1	17.4	11.5	8.9	19.6
甘肃省	陇南市	33.2	39.4	39.6	26.1	26.1
	天水市	2.6	2.8	2.9	3.1	2.8
	定西市	2.1	2.2	2.4	2.6	2.5
	甘南藏族自治州	20.4	20.3	20.3	20.3	20.4

续表

省（市）	主要市（县）	2010~2013年地下水资源量/亿立方米				多年平均地下水资源量/亿立方米
		2010年	2011年	2012年	2013年	
湖北省	十堰市	27.6	26.3	20.6	28.2	27.2
	襄樊市	17.7	15.3	13.7	12.2	16.8
总计		341.2	357.4	321.7	303.8	348.2

从表5-9可以看出，秦巴山脉区域地下水资源量具有以下两个特征。

（1）地下水资源量空间分布不均匀。

与地表水资源量一样，地下水资源量也存在明显的空间分布不均匀性，但差异不如地表水明显，这是因为地下水资源量储存量本身远小于地表水资源量。图5-9为秦巴山脉区域各省市（片区）多年平均地下水资源量。四川片区、陕西片区为第一阶梯，地下水资源量较大，为80~100亿立方米；甘肃片区、重庆片区、湖北片区为第二阶梯，地下水资源量丰富，为40~60亿立方米；河南片区为第三阶梯，地下水资源量较小，不足20亿立方米。

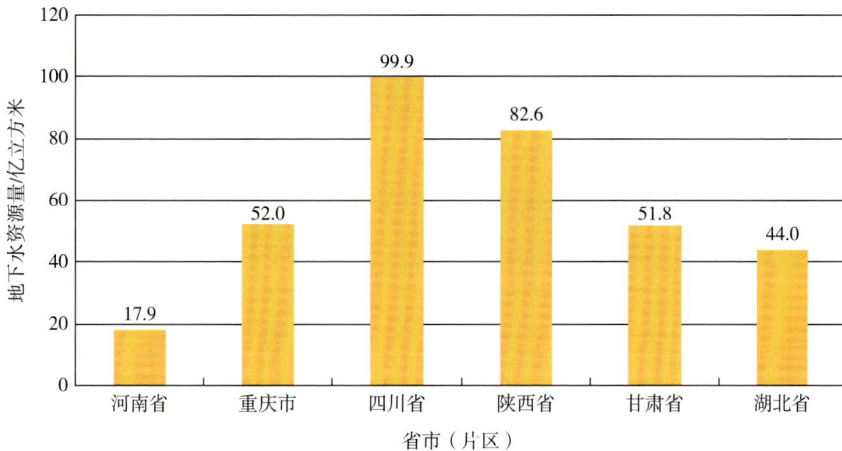

图5-9　秦巴山脉区域各省市（片区）多年平均地下水资源量

（2）地下水资源量也存在年际变化，大部分市（县）呈现出逐年减少的趋势，部分市（县）最大变化幅度达到35%。

四、水资源总量

水资源总量由地表水资源量与地下水资源量相加，扣除两者之间互相转化的重复计算量所得。秦巴山脉区域的实际水资源总量为1 252.3亿立方米。表5-10为秦巴山脉区域主要市（县）2010~2013年及多年平均水资源总量。

表5-10　秦巴山脉区域主要市（县）2010~2013年及多年平均水资源总量

省（市）	主要市（县）	2010~2013年水资源总量/亿立方米				多年平均水资源总量/亿立方米
		2010年	2011年	2012年	2013年	
河南省	洛阳市	20.0	18.7	11.7	7.0	15.3
	平顶山市	9.9	6.5	4.2	4.0	6.7
	三门峡市	8.8	28.0	6.0	4.6	12.3
	南阳市	89.5	44.4	36.4	16.5	26.9
重庆市	城口县	25.9	38.2	26.2	23.5	31.1
	云阳县	16.5	32.9	16.4	15.8	24.8
	奉节县	24.3	38.5	23.0	25.3	28.0
	巫山县	19.2	28.9	14.6	20.1	21.2
	巫溪县	43.4	73.5	39.3	45.8	54.2
	开县	23.6	33.3	31.0	23.0	29.8
	万州区	32.1	36.3	25.6	24.1	30.4
四川省	绵阳市	77.8	83.2	74.9	85.1	80.1
	广元市	66.1	68.5	74.7	71.8	70.4
	南充市	29.4	29.8	26.2	24.2	29.7
	达州市	72.3	70.9	70.6	69.8	76.5
	巴中市	58.4	59.6	63.3	70.5	71.6
陕西省	西安市	16.9	15.2	12.4	12.5	15.6
	宝鸡市	16.3	16.5	16.2	16.4	16.7
	汉中市	181.8	227.3	148.0	144.0	146.2
	渭南市	8.8	8.6	8.3	8.5	8.3
	安康市	139.3	154.8	99.1	67.0	109.8
	商洛市	68.6	72.1	32.8	24.4	50.1
甘肃省	陇南市	101.1	112.6	98.4	83.4	104.0
	天水市	6.1	7.2	8.4	10.0	6.8
	定西市	12.6	7.9	8.3	9.0	8.3
	甘南藏族自治州	52.4	52.8	54.3	54.2	53.7
湖北省	十堰市	97.8	83.6	60.2	57.1	84.9
	襄樊市	45.0	37.2	32.5	30.9	38.9
总计		1 363.9	1 487.0	1 123.0	1 048.5	1 252.3

从表5-10可以看出，水资源总量同样表现出以下三个特征。

（1）水资源总量丰沛，但时间、空间分布不均匀。

图5-10为秦巴山脉区域各省市（片区）多年平均水资源总量。四川片区、陕西片区水资源总量均超过300亿立方米，远大于河南片区、重庆片区、甘肃片区和湖北片区的水资源总量，特别是陕西片区，作为秦巴山脉区域的主体，其丰富的水资源总量决定了秦巴山脉为丰水区。除空间分布上的不均匀外，水资源总量也存在明显的年际变化。

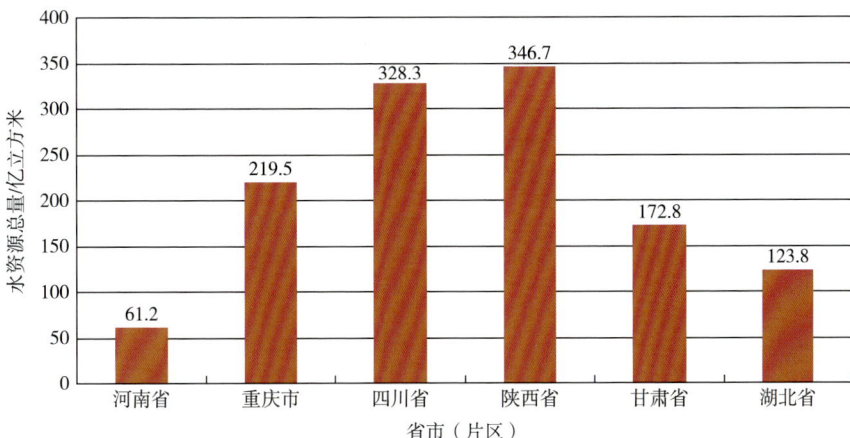

图5-10　秦巴山脉区域各省市（片区）多年平均水资源总量

（2）水资源总量逐年减少。

秦巴山脉区域大部分市（县）2010年、2011年的水资源总量大于多年平均水资源总量，而2012年、2013年则小于多年平均水资源总量，这虽然跟降水量有极大关系，但在侧面也反映出人类急剧增加的自然开发活动对水资源减少产生了较大影响。

第二节　秦巴山脉水环境现状

一、水环境监测现状

水利部门对丹江口库区及上游范围内的重点支流开展了定期水质监测工作，截至2015年，水利部门在汉江干流、支流上共设置水文站20个，在丹江口库区及上游设水环境监测断面73个。

为配合《丹江口库区及上游水污染防治和水土保持"十二五"规划》的实施，保护好"一库清水"，较系统地掌握蓄水前丹江口库区水质状况，中国环境监测总站制定了《南水北调中线工程丹江口水库库区及其上游水质监测方案》，结合现有国控、省控、市控、县控断面确定监测断面，在丹江口水库库区及其上游共布设49个水质监测断面（表5-11），涉及陕西（12个）、湖北（24个）、河南（13个）3省。监测指标主要包括河流监测水温、酸碱度、电导率、溶解氧、高锰酸盐指数、化学需氧量、五日生化需氧量、氨氮、总磷、铜、锌、氟化物、硒、砷、汞、镉、铬（六价）、铅、氰化物、挥发酚、石油类、阴离子表面活性剂、硫化物和粪大肠菌群等指标；入库河流增测总氮；湖库增测透明度、总氮和叶绿素a。

表5-11　丹江口水库库区及其上游水质监测断面

序号	断面名称	所在河流	所在地区	汇入水体	所属省份	断面属性	承担单位	监测频次	对应规划断面名称
1	坝上中	丹江口水库	丹江口市	长江	湖北省	库体	丹江口市站	1次/月	胡家岭
2	陶岔	引渠	淅川	干渠	河南省	控制（出库）	南阳市站	1次/月	陶岔
3	羊尾	汉江	郧西县	长江	湖北省	省界（陕—鄂）	十堰市站	1次/月	羊尾
4	陈家坡	汉江	郧县[1]	长江	湖北省	入库	十堰市站	1次/月	陈家坡
5	白河Ⅱ	汉江	白河县	长江	陕西省	控制	安康市站	1次/月	白河
6	石泉Ⅰ	汉江	石泉县	长江	陕西省	控制	安康市站	1次/月	石泉
7	南柳渡	汉江	汉中	长江	陕西省	控制	汉中市站	1次/月	南柳渡
8	梁西渡	汉江	汉中	长江	陕西省	控制	汉中市站	1次/月	梁西渡
9	安康Ⅱ	汉江	汉滨区	长江	陕西省	控制	安康市站	1次/月	安康
10	史家湾	丹江	淅川	丹江口水库	河南省	入库	南阳市站	1次/月	丹江大石桥
11	荆紫关	丹江	商南县	汉江	河南省	省界（陕—豫）	南阳市站	1次/月	湘河
12	丹凤下	丹江	丹凤县	汉江	陕西省	控制	商洛市站	1次/月	丹凤下
13	张村	丹江	商州区	汉江	陕西省	控制	商洛市站	1次/月	张村
14	构峪桥	丹江	商州区	汉江	陕西省	控制	商洛市站	1次/月	构峪桥

续表

序号	断面名称	所在河流	所在地区	汇入水体	所属省份	断面属性	承担单位	监测频次	对应规划断面名称
15	张营	老灌河	淅川	丹江口水库	河南省	入库	南阳市站	1次/月	张营
16	西峡水文站	老灌河	西峡	丹江口水库	河南省	控制	南阳市站	1次/月	西峡水文站
17	许营	老灌河	西峡	丹江口水库	河南省	控制	南阳市站	1次/季度	许营
18	杨河	老灌河	西峡	丹江口水库	河南省	控制	南阳市站	1次/季度	杨河
19	三道河	老灌河	卢氏	丹江口水库	河南省	控制	南阳市站	1次/月	三道河
20	黄龙滩水库	堵河	张湾区	汉江	湖北省	控制	十堰市站	1次/月	黄龙滩水库
21	焦家院	堵河	张湾区	汉江	湖北省	入库	十堰市站	1次/月	辽瓦
22	神定河口	神定河	张湾区	汉江	湖北省	入库	十堰市站	1次/月	八亩地
23	泗河口	泗河	茅箭区	汉江	湖北省	入库	十堰市站	1次/月	鸳鸯寺
24	剑河口	剑河	武当山特区	汉江	湖北省	入库	十堰市站	1次/月	石家庄
25	孙家湾	官山河	丹江口市	汉江	湖北省	入库	丹江口市站	1次/月	孙家湾
26	浪河口	浪河	丹江口市	汉江	湖北省	入库	丹江口市站	1次/月	浪河口
27	夹河	金钱河	郧西县	汉江	湖北省	入库	十堰市站	1次/月	夹河口
28	天河口	天河	郧西县	汉江	湖北省	入库	十堰市站	1次/月	观音镇
29	王河电站	滔河	郧县	汉江	湖北省	省界（鄂—豫）	十堰市站	1次/月	梅家铺
30	潘口水库坝上	官渡河	竹山县	汉江	湖北省	控制	十堰市站	1次/月	两河口
31	青曲	曲远河	郧县	汉江	湖北省	入库	十堰市站	1次/季度	青曲
32	淘谷河口	淘谷河	郧县	汉江	湖北省	入库	十堰市站	1次/季度	淘谷
33	东河口	东河	郧县	汉江	湖北省	入库	十堰市站	1次/季度	东河口

续表

序号	断面名称	所在河流	所在地区	汇入水体	所属省份	断面属性	承担单位	监测频次	对应规划断面名称
34	玉皇滩	金钱河	郧西县	汉江	湖北省	省界（陕—鄂）	十堰市站	1次/季度	南宽坪
35	水石门	天河	郧西县	汉江	湖北省	省界（陕—鄂）	十堰市站	1次/季度	照川
36	旬河口	旬河	旬阳	汉江	陕西省	控制	安康市站	1次/月	旬河口
37	月河	月河	汉滨区	汉江	陕西省	控制	安康市站	1次/月	月河
38	坝河口	坝河	平利县	汉江	陕西省	控制	安康市站	1次/月	坝河口
39	紫阳洞河口	洞河	紫阳县	汉江	陕西省	控制	安康市站	1次/月	紫阳洞河口
40	滔河水库	滔河	郧县	丹江	湖北省	省界（陕—鄂）	十堰市站	1次/季度	滔河
41	高湾	淇河	淅川	丹江	河南省	入库	南阳市站	1次/月	高湾
42	淇河桥	淇河	西峡	丹江	河南省	控制	南阳市站	1次/月	淇河桥
43	上河	淇河	卢氏	丹江	河南省	控制	南阳市站	1次/月	上河
44	东湾桥	犟河	张湾区	堵河	湖北省	控制	十堰市站	1次/月	东湾桥
45	新洲	汇湾河	竹溪县	堵河	湖北省	控制	十堰市站	1次/季度	新洲
46	洛阳河九湖	官渡河	神农架林区	堵河	湖北省	控制	十堰市站	1次/季度	洛阳河九湖
47	界牌沟	汇湾河	竹溪县	堵河	湖北省	省界（陕—鄂）	十堰市站	1次/季度	鄂坪
48	封湾	丁河	西峡	老灌河	河南省	控制	南阳市站	1次/季度	封湾
49	东台子	蛇尾河	西峡	老灌河	河南省	控制	南阳市站	1次/季度	东台子

1）现郧阳区。2014年9月9日，国务院正式批复撤销郧县，设立十堰市郧阳区

资料来源：根据中国环境监测总站2012年4月发布的《南水北调中线工程丹江口水库库区及其上游水质监测方案》整理

　　地方环保部门还在汉江、丹江、其他支流及丹江口水库布设了省控、市控等常规水环境监测断面。初步调查，环保部门在丹江口库区及上游布设水环境监测断面63个。

二、水环境质量现状

1.水质良好但存在污染威胁

秦巴山脉作为南水北调中线工程的重要水源涵养地，总体水质良好，仅在局部地区、部分河段存在污染或严重污染。汉江、丹江流域上游是目前国内为数不多的几条水质优良的河流，承载着保障国家生态安全的重要使命。根据陕西省水环境监测中心及汉中、安康、商洛分中心的监测结果分析，丹江、汉江、丹江口水库水质近年来均有所下降，虽然有部分污染，但与淮河、海河等严重污染的河流相比，水环境良好，水污染较轻。目前，丹江、汉江和丹江口水库总体水质能够达到饮用水标准，不失为优质的供水水源。

然而，秦巴山脉区域经济发展相对较缓，教育文化水平相对不高，近年来经济发展和水环境资源保护矛盾突出，虽然在主体功能区规划中，秦巴山脉区域大部分被列为限制开发区，并属于限制开发区中的森林生态功能区，但在地方经济亟待发展、生态补偿机制尚未完善的形势下，秦巴山脉水资源仍然存在严重的污染威胁。

现以秦巴山脉五个区域为主进行水质分析，分别是汉江流域、丹江口库区、三峡库区及上游、嘉陵江流域和黄河流域。

秦巴山脉区域内的汉江流域包括陕西省安康市和湖北省十堰市等，其主要断面水质状况统计见表5-12。

表5-12　汉江流域主要断面水质状况统计

断面所在地	监测断面名称	断面规划类别	断面水质类别				交界断面控制的区域
			2011年	2012年	2013年	2014年	
郧西县	羊尾	Ⅱ	Ⅲ	Ⅱ	Ⅱ	Ⅱ	陕西省
郧县	陈家坡	Ⅱ	Ⅱ	Ⅱ	Ⅱ	Ⅱ	
丹江口市	蔡湾	Ⅱ	Ⅱ	Ⅱ	Ⅱ	Ⅰ	
老河口市	沈湾	Ⅱ	—	—	Ⅱ	Ⅱ	十堰市
	仙人渡	Ⅱ	Ⅱ	Ⅱ	Ⅱ	Ⅱ	
襄阳市	白家湾	Ⅱ	Ⅱ	Ⅱ	Ⅱ	Ⅱ	
	余家湖	Ⅲ	Ⅱ	Ⅱ	Ⅱ	Ⅱ	
宜城市	郭安	Ⅱ	Ⅱ	Ⅱ	Ⅱ	Ⅱ	
钟祥市	转斗	Ⅱ	—	Ⅱ	Ⅱ	Ⅱ	襄阳市
	皇庄	Ⅱ	Ⅱ	Ⅱ	Ⅱ	Ⅱ	
天门市	罗汉闸	Ⅱ	—	Ⅱ	Ⅱ	Ⅱ	荆门市

续表

断面所在地	监测断面名称	断面规划类别	断面水质类别				交界断面控制的区域
			2011年	2012年	2013年	2014年	
潜江市	高石碑	Ⅱ	Ⅱ	Ⅱ	Ⅱ	Ⅱ	
	泽口	Ⅱ	Ⅱ	Ⅱ	Ⅱ	Ⅱ	
天门市	岳口	Ⅱ	Ⅱ	Ⅱ	Ⅱ	Ⅱ	
仙桃市	汉南村	Ⅱ	Ⅱ	Ⅱ	Ⅱ	Ⅱ	
汉川市	石刬	Ⅱ	—	Ⅱ	Ⅱ	Ⅱ	仙桃市
	小河	Ⅱ	Ⅱ	Ⅱ	Ⅱ	Ⅱ	
武汉市	新沟	Ⅲ	Ⅱ	Ⅱ	Ⅱ	Ⅱ	汉川市
	宗关	Ⅲ	Ⅱ	Ⅱ	Ⅱ	Ⅱ	
	龙王庙	Ⅲ	Ⅱ	Ⅱ	Ⅱ	Ⅱ	
汉中市	烈金坝	Ⅰ	Ⅰ	Ⅱ	Ⅰ	Ⅱ	
	梁西渡	Ⅱ	Ⅱ	Ⅱ	Ⅱ	Ⅱ	
	南柳渡	Ⅲ	Ⅲ	Ⅱ	Ⅲ	Ⅱ	
	蒙家渡	Ⅱ	Ⅲ	Ⅱ	Ⅱ	Ⅱ	
	黄金峡	Ⅱ	Ⅱ	Ⅱ	Ⅱ	Ⅱ	
安康市	石泉（Ⅰ）	Ⅱ	Ⅱ	Ⅱ	Ⅱ	Ⅱ	
	石泉（Ⅱ）	Ⅱ	Ⅱ	Ⅱ	Ⅱ	Ⅱ	
	安康（Ⅰ）	Ⅱ	Ⅰ	Ⅱ	Ⅱ	Ⅱ	
	安康（Ⅱ）	Ⅲ	Ⅱ	Ⅱ	Ⅱ	Ⅱ	
	月河	Ⅲ	Ⅱ	Ⅱ	Ⅲ	Ⅲ	
	旬河	Ⅲ	Ⅱ	Ⅱ	Ⅱ	Ⅱ	
	白河（Ⅰ）	Ⅱ	Ⅱ	Ⅱ	Ⅱ	Ⅱ	
	白河（Ⅱ）	Ⅱ	Ⅱ	Ⅱ	Ⅱ	Ⅱ	

　　根据《地表水环境质量标准》（GB 3838—2002），秦巴山脉汉江流域水质绝大部分保持在Ⅱ类水体标准，全部满足Ⅲ类及Ⅲ类以上水体标准，上下游区域水质无明显变化。从时间上看，2011~2014年，除烈金坝、南柳渡、安康（Ⅰ）、月河4个段面外，各区域水质均逐年提高或保持不变，且除烈金坝外，其余水域水质均达到规划要求。

　　三峡库区及其上游干流水质总体为优，支流总体为轻度污染，劣Ⅴ类水质断面主要集中在普渡河、三岔河、釜溪河、五桥河等支流；2013年，三峡库区长江干流共布设6个水质监测断面，分别为永川朱沱、江津大桥、重庆寸滩、涪陵清溪场、万州晒网坝和宜昌南津关。截至2013年底，三峡库区长江干流水质为良，嘉陵江总体水质为优，乌江总磷超标。三峡库区长江干流6个监测断面年度总体水质为Ⅲ类，寸滩断面粪大肠菌群为Ⅴ类，南津关为Ⅱ类，其余四个断面均为Ⅲ类。从各月情况看，6个断面各月水质均达到或优于Ⅲ类；寸滩断面粪大肠菌群12月超标，其余各月均为Ⅲ类，其余5个断面粪大肠菌群各月均到达或优于Ⅲ类。

根据《丹江口库区及上游水污染防治和水土保持"十二五"规划》，将丹江口规划区划分为"水源地安全保障区、水质影响控制区、水源涵养生态建设区"，各分区对策为：一是在水源地安全保障区，重点开展神定河、老灌河、泗河等3条重污染河流点源污染控制，进一步降低面源污染负荷；二是在水质影响控制区，重点开展安康和汉中两市环境基础设施建设，河南栾川、卢氏采矿业污染治理，汉江、丹江、堵河干流的小流域水土流失综合防治；三是在水源涵养生态建设区，重点开展地市和县级环境基础设施建设、水土保持和生态修复。

2015年，《丹江口库区及上游水污染防治和水土保持"十二五"规划》确定的49个考核断面中，Ⅰ类水质断面3个，占6.12%；Ⅱ类水质断面39个，占79.59%；Ⅲ类水质断面3个，占6.12%；Ⅳ类水质断面1个，占2.04%；劣Ⅴ类水质断面3个，占6.12%。丹江口水库为中营养水平，总氮浓度在1.3毫克/升以上，入库河流总氮浓度在2~10毫克/升。经过"十二五"期间的努力，水源区的水质考核断面的达标率提高到90%以上。然而，当前神定河、老灌河、丹江等部分河段水质尚未达标或未稳定达标，主要原因包括：一是现有水污染防治水平仍不能满足水源保护需要；二是随着水源区经济快速发展和城镇化进程加快，城镇生活和农业生产污染排放量和处理需求呈扩大趋势；三是部分区域仍存在不同程度的水土流失、石漠化等问题。

秦巴山脉区域的嘉陵江流域包括甘肃省陇南市、陕西省宝鸡市和汉中市、四川省广元市和南充市等部分地区。秦巴山脉区域嘉陵江流域主要断面水质状况统计见表5-13。

表5-13　秦巴山脉区域嘉陵江流域主要断面水质状况统计

河流	断面所在地	监测断面名称	断面规划类别	断面水质类别			
				2011年	2012年	2013年	2014年
嘉陵江	凤县	黄牛埔	Ⅲ	Ⅱ	Ⅱ	Ⅱ	Ⅱ
嘉陵江	凤县	凤州	Ⅲ	Ⅲ	Ⅱ	Ⅲ	Ⅲ
嘉陵江	凤县	灶火庵	Ⅲ	Ⅲ	Ⅱ	Ⅲ	Ⅲ
嘉陵江	汉中市	白水江	Ⅲ	Ⅱ	Ⅱ	Ⅱ	Ⅱ
嘉陵江	汉中市	横现河	Ⅲ	Ⅱ	Ⅱ	Ⅱ	Ⅱ
嘉陵江	汉中市	鲁光坪	Ⅲ	Ⅱ	Ⅱ	Ⅱ	Ⅱ
嘉陵江	汉中市	燕子砭	Ⅲ	Ⅱ	Ⅱ	Ⅱ	Ⅱ
嘉陵江	广元市	上石盘	Ⅲ	Ⅱ	Ⅱ	Ⅰ	Ⅰ

续表

河流	断面所在地	监测断面名称	断面规划类别	断面水质类别			
				2011年	2012年	2013年	2014年
嘉陵江	广元市	八庙沟	Ⅱ	Ⅱ	Ⅱ	Ⅱ	Ⅱ
嘉陵江	广元市	张家岩	Ⅲ	Ⅱ	Ⅱ	Ⅱ	Ⅱ
嘉陵江	南充市	沙溪	Ⅲ	Ⅱ	Ⅱ	Ⅱ	Ⅱ
嘉陵江	南充市	清泉寺	Ⅲ	Ⅲ	Ⅲ	Ⅲ	Ⅲ
西充河	南充市	彩虹桥	Ⅲ	Ⅴ	Ⅴ	Ⅳ	Ⅳ
嘉陵江	南充市区	李渡镇	Ⅲ	Ⅱ	Ⅱ	Ⅲ	Ⅱ
涪江	涪城区	丰谷	Ⅲ	Ⅲ	Ⅳ	Ⅲ	Ⅲ
涪江	三台县	百倾	Ⅲ	Ⅱ	Ⅱ	Ⅳ	Ⅲ
涪江	平武县	平武水文站	Ⅰ	Ⅰ	Ⅰ	Ⅰ	Ⅰ
涪江	绵阳市区	仙鱼桥	Ⅲ	Ⅳ	Ⅳ	Ⅳ	Ⅳ
涪江	江油市	福田坝	Ⅲ	Ⅲ	Ⅲ	Ⅲ	Ⅲ
巴河	巴中市	手傍岩	Ⅲ	Ⅲ	Ⅲ	Ⅱ	Ⅲ
巴河	巴中市	道河湾	Ⅲ	Ⅲ	Ⅲ	Ⅲ	Ⅱ
渠江	渠县	团堡岭	Ⅲ	Ⅱ	Ⅲ	Ⅲ	Ⅱ
后河	宣汉县	漩坑坝	Ⅲ	Ⅱ	Ⅲ	Ⅲ	Ⅱ
巴河	达川区	螺蛳湾	Ⅲ	Ⅲ	Ⅲ	Ⅲ	Ⅲ
巴河	达川区	排马梯	Ⅲ	Ⅲ	Ⅱ	Ⅲ	Ⅲ
巴河	达川区	江陵	Ⅲ	Ⅲ	Ⅲ	Ⅲ	Ⅲ
川河	通川区	车家河	Ⅲ	Ⅲ	Ⅲ	Ⅲ	Ⅲ
任市河	开江县	联盟桥	Ⅲ	Ⅴ	Ⅴ	Ⅴ	Ⅳ
白龙江	陇南市	两水桥	Ⅱ	Ⅱ	Ⅱ	Ⅱ	Ⅱ
白龙江	陇南市	麻池桥	Ⅲ	Ⅱ	Ⅱ	Ⅱ	Ⅱ
白龙江	陇南市	绸子坝	Ⅲ	Ⅱ	Ⅱ	Ⅱ	Ⅱ
白龙江	陇南市	固水子村	Ⅲ	Ⅱ	Ⅱ	Ⅱ	Ⅱ
嘉陵江	重庆市	—	—	Ⅱ	Ⅱ	Ⅱ	Ⅱ

　　秦巴山脉区域嘉陵江流域水质基本维持在Ⅱ类及Ⅲ类水质标准，但在四川段水质恶化，监测断面出现了Ⅳ类及以下水质；在其下游区域，重庆市境内水质恢复Ⅱ类标准。从时间上看，2011~2014年，秦巴山脉区域嘉陵江流域水质情况存在一定波动，但基本达到规划要求。

　　秦巴山脉区域黄河的主要支流有渭河、洛河等，其流经的省市主要有甘肃的天水、定西和甘南，陕西的西安、宝鸡和商洛，河南的洛阳和三门峡，秦巴山脉区域黄河及其支流主要断面水质状况统计见表5-14。

表5-14　秦巴山脉区域黄河及其支流主要断面水质状况统计

河流	断面所在地	监测断面名称	断面规划类别	断面水质类别		
				2011年	2012年	2013年
黄河	甘南藏族自治州	玛曲	Ⅱ	Ⅱ	Ⅱ	Ⅱ
渭河	天水市	拓石	Ⅲ	Ⅲ	Ⅳ	Ⅳ
渭河	宝鸡市	仙龙	Ⅲ	—	Ⅲ	Ⅳ
渭河	宝鸡市	林家村	—	Ⅲ	Ⅲ	Ⅲ
渭河	宝鸡市	卧龙寺	—	—	Ⅲ	Ⅳ
渭河	宝鸡市	蔡家坡大桥	—	—	Ⅳ	Ⅳ
渭河	西安市	永安	—	—	Ⅲ	Ⅲ
渭河	天水市	太碌	Ⅲ	—	Ⅴ	Ⅳ
千河源头	天水市	—	—	—	Ⅰ	Ⅰ
通关河	天水市	凤阁岭	Ⅲ	Ⅱ	Ⅱ	Ⅱ
葫芦河	天水市		Ⅲ	—	劣Ⅴ	劣Ⅴ
黑河	西安市	张河桥	Ⅲ	—	Ⅱ	Ⅲ
泾河	安康市	东梁	Ⅲ	—	Ⅱ	Ⅱ
洛河	商洛市	进水口	—	—	Ⅱ	
洛河	商洛市	洛河	—	—	Ⅱ	
洛河	商洛市	官桥	—	—	Ⅲ	Ⅲ
洛河	商洛市	灵口	—	—	Ⅱ	
好阳河	洛阳市	西王村	Ⅳ	—	Ⅳ	Ⅲ
洛河	洛阳市	马沟	Ⅲ	—	Ⅱ	Ⅱ
宏农涧河	三门峡市	坡头	Ⅲ	劣Ⅴ	劣Ⅴ	劣Ⅴ
黄河	三门峡市	三门峡	—	—	Ⅳ	

　　秦巴山脉区域黄河流域内总体水质较好，干流上游区域水质可达到Ⅱ类标准，但其支流部分水域遭受污染，如渭河天水市部分流段、洛阳好阳河等；个别河段污染严重，如葫芦河和宏农涧河。

　　2. 河流泥沙含量高并呈下降趋势

　　秦巴山脉部分水系泥沙含量较高，增加了水资源可持续利用的复杂性。嘉陵江是长江水系含沙量最大的支流，该流域在陕西省内多年平均输沙量为522万吨，年输沙模数526吨/千米²。略阳站多年平均含沙量为7.94千克/米³，其中最大年含沙量为21.5千克/米³，最小年含沙量为2.15千克/米³，最大年与最小年之比为10，汛期（6~9月）含沙量占全年的81.3%。汉江水系含泥沙量相对较小，并主要来源于丹江和唐白河。丹江丹凤站含沙量为4.40千克/米³，唐白河双沟站为2.98千克/米³。

有关研究表明，近年来秦巴山脉水系水沙特性发生了明显变化。与1990年前相比，1991~2003年嘉陵江流域年均径流量减少23%，年均悬移质输沙量减少1.053亿吨。这一变化的主要影响因素包括降水量的减少、水利工程拦沙、水土保持及河道采沙与淤积等。虽然输沙量有降低趋势，但由于秦巴山脉水系水量丰富，年输沙量依然十分可观，如汉江白河站多年平均输沙量为5 200万吨，碾盘山站为1 100万吨。泥沙的沉积，不仅使上游水库淤积、缩短水库寿命并影响中下游两岸湖泊对河流径流的调节功能，还使河床日渐淤高，影响河道排水能力，增加防洪安全隐患。

第三节　水资源开发利用现状

秦巴山脉是我国重要的水源涵养地，在我国的主体功能区规划中，被列为限制开发区中的森林生态功能区，承担我国南水北调中线工程水源涵养地的重任。秦巴山脉区域内汉江、嘉陵江、渭河、洛河等长江和黄河的支流切断东西走向山岭，形成许多峡谷，两岸高山耸立，水流急、水量大，水能资源丰富，为建设中小型水利水电工程提供了条件。目前秦巴山脉水资源在工业和农业中的开发利用所占比例较低，用水需求矛盾并不突出。随着我国中西部水利水电工程的开发和南水北调中线工程的实施，目前秦巴山脉区域水资源的利用除了少部分由生活及工农业水资源开发利用外，主要集中在水能资源的开发和大型跨流域调水两方面。

一、生活、工业、农业用水现状

秦巴山脉区域各市县2011~2013年城市生活、工业、农业用水量见表5-15。秦巴山脉区域2011~2013年城市生活用水量分别为30.510亿立方米、32.450亿立方米和34.610亿立方米，工业用水量分别为52.758亿立方米、56.377亿立方米和54.204亿立方米，农业用水量分别为99.490亿立方米、99.830亿立方米和101.342亿立方米。

表5-15　秦巴山脉区域各市县2011~2013年城市生活、工业、农业用水量

地区	时间	生活用水量/亿立方米	工业用水量/亿立方米	农业用水量/亿立方米	总用水量/亿立方米
河南					
洛阳市	2013年	3.270	6.960	4.840	15.070
	2012年	3.070	7.340	4.370	14.780
	2011年	3.140	7.210	4.130	14.480
平顶山市	2013年	1.930	7.940	2.690	12.560
	2012年	1.920	8.040	3.160	13.120
	2011年	1.950	4.990	3.370	10.310
三门峡市	2013年	1.230	2.060	1.420	4.710
	2012年	0.890	2.310	1.480	4.680
	2011年	0.780	2.250	1.550	4.580
南召县	2013年	0.190	0.180	0.690	1.060
	2012年	0.170	0.200	0.470	0.840
	2011年	0.180	0.250	0.430	0.860
内乡县	2013年	0.920	0.260	0.210	1.390
	2012年	1.000	0.250	0.230	1.480
	2011年	1.000	0.310	0.220	1.530
镇平县	2013年	0.270	0.410	0.740	1.420
	2012年	0.260	0.430	0.910	1.600
	2011年	0.270	0.430	0.880	1.580
淅川县	2013年	0.270	0.360	0.670	1.300
	2012年	0.270	0.350	0.500	1.120
	2011年	0.280	0.320	0.500	1.100
南阳市卧龙区	2013年	0.530	0.660	0.610	1.800
	2012年	0.550	0.600	0.580	1.730
	2011年	0.540	0.570	0.590	1.700
方城县	2013年	0.910	0.220	0.290	1.420
	2012年	0.760	0.210	0.280	1.250
	2011年	0.640	0.200	0.290	1.130
西峡县	2013年	0.370	0.440	0.190	1.000
	2012年	0.220	0.470	0.170	0.860
	2011年	0.230	0.450	0.180	0.860
总计	2013年	9.890	19.490	12.350	41.730
	2012年	9.110	20.200	12.150	41.460
	2011年	9.010	16.980	12.140	38.130

续表

地区	时间	生活用水量/亿立方米	工业用水量/亿立方米	农业用水量/亿立方米	总用水量/亿立方米
湖北					
十堰市	2013年	2.150	3.250	4.390	9.790
	2012年	1.640	4.510	4.710	10.860
	2011年	1.350	4.670	4.660	10.680
襄阳市	2013年	2.950	12.950	9.490	25.390
	2012年	2.920	14.760	9.270	26.950
	2011年	1.870	14.470	10.170	26.510
神农架林区	2013年	0.060	0.070	0.040	0.170
	2012年	0.030	0.120	0.040	0.190
	2011年	0.040	0.110	0.060	0.210
总计	2013年	5.160	16.270	13.920	35.350
	2012年	4.590	19.390	14.020	38.000
	2011年	3.260	19.250	14.890	37.400
陕西					
西安市	2013年	5.340	3.860	6.240	15.440
	2012年	5.310	3.650	6.430	15.390
	2011年	5.220	3.530	6.330	15.080
宝鸡市	2013年	1.440	0.890	4.930	7.260
	2012年	1.370	0.850	4.820	7.040
	2011年	1.150	0.770	4.420	6.340
汉中市	2013年	1.310	1.040	14.040	16.390
	2012年	1.200	0.990	14.080	16.270
	2011年	1.190	0.920	13.750	15.860
安康市	2013年	1.210	0.810	5.110	7.130
	2012年	1.210	0.770	5.120	7.100
	2011年	1.170	0.890	5.210	7.270
商洛市	2013年	0.780	0.610	1.400	2.790
	2012年	0.760	0.570	1.450	2.780
	2011年	0.750	0.530	1.930	3.210
渭南市	2013年	1.580	1.340	11.660	14.580
	2012年	1.470	1.370	11.690	14.530
	2011年	1.520	1.620	12.370	15.510
总计	2013年	11.660	8.550	43.380	63.590
	2012年	11.320	8.200	43.590	63.110
	2011年	11.000	8.260	44.010	63.270

续表

地区	时间	生活用水量 /亿立方米	工业用水量 /亿立方米	农业用水量 /亿立方米	总用水量 /亿立方米
重庆					
城口县	2013年	0.010	0.030	1.210	1.250
	2012年	0.010	0.030	1.100	1.140
	2011年	0.010	0.030	0.870	0.910
云阳县	2013年	0.060	0.010	0.820	0.890
	2012年	0.050	0.010	0.850	0.910
	2011年	0.050	0.001	0.640	0.691
奉节县	2013年	0.080	0.020	1.250	1.350
	2012年	0.060	0.010	1.120	1.190
	2011年	0.060	0.010	0.720	0.790
巫山县	2013年	0.030	0.004	0.830	0.864
	2012年	0.030	0.003	0.790	0.823
	2011年	0.030	0.003	0.650	0.683
巫溪县	2013年	0.030	0.010	1.020	1.060
	2012年	0.020	0.004	0.960	0.984
	2011年	0.020	0.004	0.820	0.844
开县	2013年	0.100	0.020	1.310	1.430
	2012年	0.090	0.020	0.920	1.030
	2011年	0.080	0.020	0.700	0.800
万州区	2013年	0.220	0.180	0.930	1.330
	2012年	0.240	0.190	0.800	1.230
	2011年	0.220	0.190	0.610	1.020
总计	2013年	0.530	0.274	7.370	8.174
	2012年	0.500	0.267	6.540	7.307
	2011年	0.470	0.258	5.010	5.738
甘肃					
陇南市	2013年	0.670	0.190	1.070	1.930
	2012年	0.860	0.330	1.730	2.920
	2011年	0.870	0.110	1.820	2.800
天水市	2013年	0.670	0.290	2.820	3.780
	2012年	0.430	0.280	2.730	3.440
	2011年	0.430	0.300	2.640	3.370
定西市	2013年	0.650	0.410	2.840	3.900
	2012年	0.400	0.360	2.540	3.300
	2011年	0.400	0.390	2.310	3.100

续表

地区	时间	生活用水量/亿立方米	工业用水量/亿立方米	农业用水量/亿立方米	总用水量/亿立方米
甘肃					
甘南藏族自治州	2013年	0.200	0.080	0.470	0.750
	2012年	0.180	0.060	0.460	0.700
	2011年	0.150	0.060	0.450	0.660
总计	2013年	2.190	0.970	7.200	10.360
	2012年	1.870	1.030	7.460	10.360
	2011年	1.850	0.860	7.220	9.930
四川					
北川羌族自治县	2013年	0.140	0.030	0.620	0.790
	2012年	0.140	0.030	0.250	0.420
	2011年	0.140	0.030	0.520	0.690
平武县	2013年	0.050	0.010	0.0020	0.062
	2012年	0.040	0.030	0.370	0.440
	2011年	0.040	0.030	0.370	0.440
梓潼县	2013年	0.100	0.030	1.200	1.330
	2012年	0.070	0.020	0.960	1.050
	2011年	0.080	0.020	0.960	1.060
江油市	2013年	0.440	0.720	2.100	3.260
	2012年	0.420	0.720	2.010	3.150
	2011年	0.430	0.720	2.010	3.160
广元市	2013年	0.890	2.010	3.420	6.320
	2012年	0.870	1.770	3.140	5.780
	2011年	0.720	1.800	3.210	5.730
南充市	2013年	0.950	2.600	2.810	6.360
	2012年	0.900	2.500	2.780	6.180
	2011年	0.870	2.430	2.560	5.860
达州市	2013年	1.400	2.040	4.210	7.650
	2012年	1.420	1.510	4.110	7.040
	2011年	1.450	1.470	4.440	7.360
巴中市	2013年	1.210	1.210	2.760	5.180
	2012年	1.200	0.710	2.450	4.360
	2011年	1.190	0.650	2.150	3.990
总计	2013年	5.180	8.650	17.122	30.952
	2012年	5.060	7.290	16.070	28.420
	2011年	4.920	7.150	16.220	28.290

续表

地区	时间	生活用水量 /亿立方米	工业用水量 /亿立方米	农业用水量 /亿立方米	总用水量 /亿立方米
秦巴山脉区域 用水量总计	2013年	34.610	54.204	101.342	190.156
	2012年	32.450	56.377	99.830	188.657
	2011年	30.510	52.758	99.490	182.758

　　2011~2013年秦巴山脉区域平均生活用水量、工业用水量、农业用水量所占比例见图5-11。由图5-11可知，秦巴山脉区域各用水总量中农业用水量所占比例最大，超过50%。这主要是因为秦巴山脉区域产业结构依然以农业为主，在甘肃、河南及陕西等降水量较少的区域，单位面积农业灌溉用水量普遍较大；而重庆、湖北及四川等片区由于近年来石漠化趋势，水土流失加剧，农业用水量也呈现增加趋势。另外，秦巴山脉区域农业生产机械化、现代化程度低，农业用水浪费严重，少有采取大规模节水灌溉等措施，这一系列原因导致农业用水量所占比例较高。秦巴山脉区域工业不发达，工业用水量约为农业用水量的一半；而由于生活水平的限制，居民生活用水量相对较少。

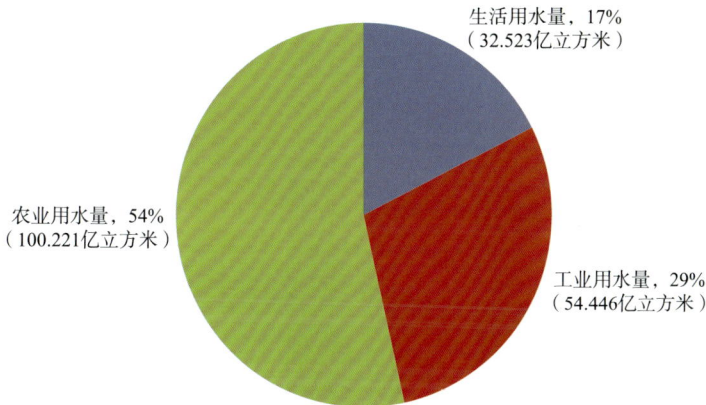

生活用水量，17%
（32.523亿立方米）

农业用水量，54%
（100.221亿立方米）

工业用水量，29%
（54.446亿立方米）

图5-11　2011~2013年秦巴山脉区域平均生活用水量、工业用水量、农业用水量所占比例

　　从时间上来看，2011~2013年，秦巴山脉区域农业用水量占总用水量比例略有下降，工业用水量所占比例基本不变，居民生活用水量所占比例有所上升。主要是近年来，秦巴山脉区域作为我国水源地涵养保护重点区域，很多地区实施了退耕还林、退耕还草、水源地保护工程等；地区产业结构调整，除了矿产资源开发外，农林副产品加工业也开始兴起，同时节水技术的发展、产业结构的升级，工业呈现出稳定发展趋势，导致工业用水量所占比例基本不变；而秦巴山脉城镇化的进一步推进、城镇人口的增加及生活水平的提高等均是生活用水量增长的原因。

2011~2013 年秦巴山脉区域生活用水量、工业用水量、农业用水量和总用水量趋势图见图5-12和图5-13。

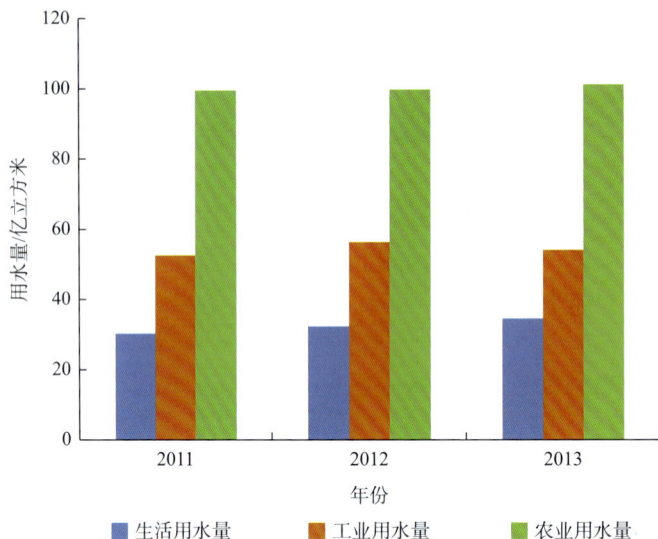

图5-12   2011~2013年秦巴山脉区域生活用水量、工业用水量、农业用水量趋势图

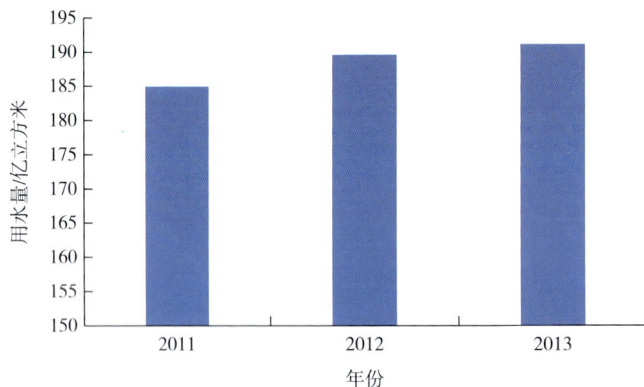

图5-13   2011~2013年秦巴山脉区域总用水量趋势图

就南水北调中线工程来说，根据各级水行政主管部门公布的《水资源公报》测算，水源区水资源总量为415.73亿立方米，其中地表水资源量402.17亿立方米，地下水资源量105.00亿立方米，两者重复计算量为91.44亿立方米。水源区年总供水量与总用水量持平，均为35.91亿立方米，其中，农业灌溉用水量23.46亿立方米，占总用水量的65.33%；工业用水量5.35亿立方米，占总用水量的14.90%；居民生活用水量3.68亿立方米，占总用水量的10.25%（其中城镇居民生活用水量

1.57亿立方米，占总用水量的4.37%）；林、牧、渔、畜用水量2.88亿立方米，占总用水量的8.02%；城镇公共用水量0.37亿立方米，占总用水量的1.03%；生态环境用水量0.17亿立方米，占总用水量的0.47%。

规划区用水量与用水定额现状见表5-16，其总用水量为62 845万立方米。

表5-16　规划区用水量与用水定额现状

省份	生活用水量			工业用水量			用水量总计/万立方米
	城镇人口/万人	用水定额/[升/(人·天)]	合计/万立方米	工业产值/亿元	万元产值用水量/立方米	合计/万立方米	
湖北	87	205	6 485	219	102	21 406	27 891
河南	45	148	2 632	99	62	6 479	9 111
陕西	250	115	10 342	272	54	15 501	25 843
合计	382	140	19 459	590	74	43 386	62 845

综上所述，秦巴山脉区域用水现状可总结为以下两点：①工农业用水效率普遍偏低，主要反映在万元产值用水量居高不下和工业用水重复率不高。居民生活用水浪费严重，城市自来水管网漏失率一般在20%左右，部分小城市高达45%。农业灌溉用水普遍存在渠系水利用系数低的问题，根据汉中主要灌区的调查，平均渠系水利用系数为0.49，远远低于设计要求的0.60~0.80。污水排放处理率低，影响水资源的可持续利用。②近年来秦巴山脉区域生活用水量、工业用水量和农业用水量呈增加趋势，其中生活用水量、农业用水量增加幅度不大，变化较小，而工业用水量增加幅度相对较大，从而总用水量的增加主要由工业用水量增加造成；秦巴山脉区域农业用水量占总用水量比重最大，超过50%，但是所占比例呈下降趋势。

二、水能资源开发利用现状

由于特殊的自然地理条件，秦巴山脉水力资源丰富，是当前水资源开发和利用的重点。对秦巴山脉水力资源开发的调研主要包括水电站和相关蓄水工程水库两部分。

据统计，秦巴山脉区域内有陕西境内汉江上游的石泉、喜河、安康、旬阳等中大型水电站，汉江流域湖北境内的丹江口、黄龙滩、潘口、鄂坪、三里坪等中大型水电站，嘉陵江流域内已建成的大型水电站有甘肃的碧口水电站、四川的亭子口水电站、陕西巨亭水电站及阳平水电站等。根据国家标准，本书将调研的水电站分为三级：大型水电站（装机容量30万~120万千瓦）、中型水电站（装机容量5万~30万千瓦）、小型水电站（装机容量1万~5万千瓦）。秦巴山脉区域水电站统计表见表5-17。

表5-17　秦巴山脉区域水电站统计表

序号	流域	名称	省（市）	河流	装机容量/万千瓦	类型
1	汉江	鸭河口水库	河南	白河	1.32	小型
2	汉江	丹江口水电站	湖北	汉江	96.50	大型
3	汉江	王甫洲水电站	湖北	汉江	10.90	中型
4	汉江	黄龙滩水电站	湖北	堵河	51.00	大型
5	汉江	小漩水电站	湖北	堵河	5.00	中型
6	汉江	潘口水电站	湖北	堵河	50.00	大型
7	汉江	鄂坪水电站	湖北	汇湾河	11.40	中型
8	汉江	周家垸电站	湖北	汇湾河	7.00	中型
9	汉江	白果坪水电站	湖北	汇湾河	2.25	小型
10	汉江	白沙河水电站	湖北	汇湾河	5.00	中型
11	汉江	红岩一级电站	湖北	泉河	1.00	小型
12	汉江	红岩二级电站	湖北	泉河	1.80	小型
13	汉江	洞沟水电站	湖北	泉河	1.50	小型
14	汉江	龙滩水电站	湖北	泉河	1.40	小型
15	汉江	大峡水电站	湖北	泉河	2.00	小型
16	汉江	松树岭水电站	湖北	官渡河	5.00	中型
17	汉江	龙背湾水电站	湖北	堵河	18.00	中型
18	汉江	三里坪水电站	湖北	南河	7.00	中型
19	汉江	寺坪水电站	湖北	南河	6.00	中型
20	汉江	瓦房坪水电站	湖北	阴峪河	1.00	小型
21	汉江	六里峡水电站	湖北	马栏河	1.20	小型
22	汉江	三堆河水电站	湖北	当阳河	1.45	小型
23	汉江	玉皇滩水电站	湖北	金钱河	1.00	小型
24	汉江	孙家滩水电站	湖北	金钱河	1.50	小型
25	汉江	陡岭子水电站	湖北	金钱河	7.05	中型
26	汉江	安康水库	陕西	汉江	85.00	大型
27	汉江	石泉水库	陕西	汉江	22.50	中型

续表

序号	流域	名称	省（市）	河流	装机容量/万千瓦	类型
28	汉江	石门水库	陕西	褒河	4.05	小型
29	汉江	柴坪水电站	陕西	旬河	9.60	中型
30	汉江	大岭水电站	陕西	旬河	1.89	小型
31	汉江	赵湾水电站	陕西	旬河	2.70	小型
32	汉江	季家坪水电站	陕西	旬河	1.50	小型
33	汉江	龙板营水电站	陕西	洞河	2.04	小型
34	汉江	桂花水电站	陕西	坝河	1.20	小型
35	汉江	安宁渡水电站	陕西	堵河	2.00	小型
36	汉江	白土岭水电站	陕西	堵河	4.98	小型
37	汉江	双河口水电站	陕西	堵河	3.50	小型
38	汉江	樟树潭电站	陕西	堵河	1.76	小型
39	汉江	黄金峡水电站	陕西	汉江	10.00	中型
40	汉江	旬阳水电站	陕西	汉江	32.00	大型
41	汉江	蜀河水电站	陕西	汉江	27.60	中型
42	汉江	白河水电站	陕西	汉江	18.00	中型
43	汉江	喜河水电站	陕西	汉江	18.00	中型
44	汉江	松鸦水电站	陕西	岚河	1.50	小型
45	汉江	蔺河口水电站	陕西	岚河	7.20	中型
46	汉江	金淌水电站	陕西	滔河	1.55	小型
47	汉江	泥坪水电站	陕西	滔河	1.40	小型
48	汉江	毛坝关水电站	陕西	任河	2.40	小型
49	汉江	香水沟水电站	陕西	任河	5.80	中型
50	汉江	白果坪水电站	重庆	任河	1.00	小型
51	汉江	巴山水电站	重庆	任河	14.00	中型
52	汉江	白杨溪水电站	四川	任河	3.20	小型
53	嘉陵江	卧龙台水电站	陕西	西流河	2.50	小型
54	嘉陵江	巨亭水电站	陕西	嘉陵江	4.00	小型
55	嘉陵江	太白滩水电站	陕西	嘉陵江	3.50	小型

序号	流域	名称	省（市）	河流	装机容量/万千瓦	类型
56	嘉陵江	阳平水电站	陕西	嘉陵江	3.00	小型
57	嘉陵江	石门坪水电站	甘肃	白龙江	1.50	小型
58	嘉陵江	水泊峡水电站	甘肃	白龙江	5.70	中型
59	嘉陵江	立节水电站	甘肃	白龙江	4.02	小型
60	嘉陵江	橙子沟水电站	甘肃	白龙江	11.50	中型
61	嘉陵江	苗家坝水电站	甘肃	白龙江	24.00	中型
62	嘉陵江	碧口水电站	甘肃	白龙江	30.00	大型
63	嘉陵江	麒麟寺水电站	甘肃	白龙江	11.10	中型
64	嘉陵江	宝珠寺水电站	四川	白龙江	70.00	大型
65	嘉陵江	紫兰坝水电站	四川	白龙江	10.20	中型
66	嘉陵江	昭化水电站	四川	白龙江	6.00	中型
67	嘉陵江	红岩水电站	四川	涪江	2.40	小型
68	嘉陵江	古城水电站	四川	涪江	10.00	中型
69	嘉陵江	高坪铺水电站	四川	涪江	9.00	中型
70	嘉陵江	虎牙水电站	四川	虎牙河	5.20	中型
71	嘉陵江	三岔口水电站	四川	虎牙河	4.20	小型
72	嘉陵江	亭子口水利枢纽	四川	嘉陵江	110.00	大型
73	嘉陵江	沙溪航电枢纽	四川	嘉陵江	8.70	中型
74	嘉陵江	新政航电枢纽	四川	嘉陵江	10.70	中型
75	嘉陵江	红岩子电站	四川	嘉陵江	9.00	中型
76	嘉陵江	金银台航电枢纽	四川	嘉陵江	12.00	中型
77	嘉陵江	苍溪航电枢纽	四川	嘉陵江	6.60	中型
78	嘉陵江	水牛家水电站	四川	火溪河	7.00	中型
79	嘉陵江	白一里水电站	四川	火溪河	13.00	中型
80	嘉陵江	木座水电站	四川	火溪河	10.00	中型
81	嘉陵江	阴坪水电站	四川	火溪河	8.00	中型
82	嘉陵江	风滩水电站	四川	巴河	2.44	小型
83	嘉陵江	双滩水电站	四川	通江河	3.60	小型

据调研资料，秦巴山脉区域内1万千瓦以上的水电站共83座，其中大型水电站8座，总装机容量为524.50万千瓦；中型水电站37座，总装机容量为392.75万千瓦；小型水电站38座，总装机容量为85.25万千瓦（图5-14和图5-15）。

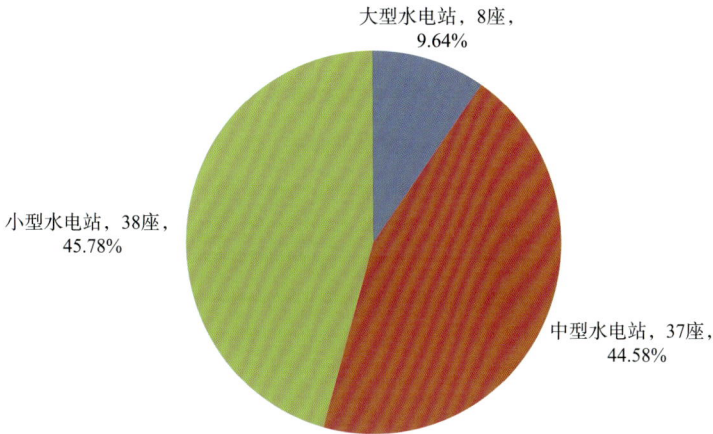

大型水电站，8座，9.64%

小型水电站，38座，45.78%

中型水电站，37座，44.58%

图5-14　秦巴山脉区域各类水电站数量分布图

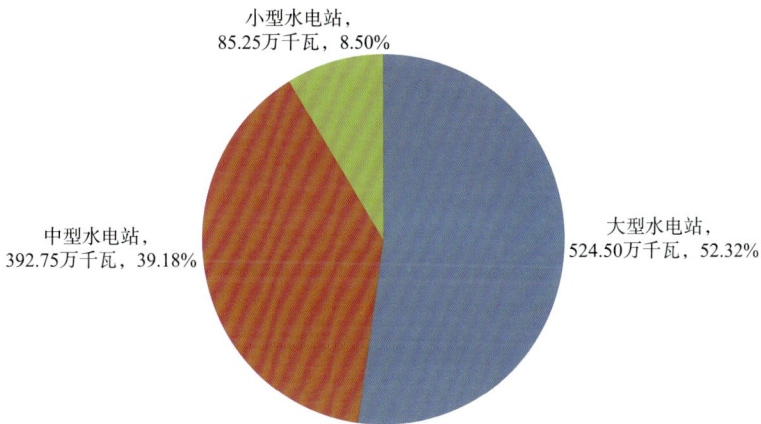

小型水电站，85.25万千瓦，8.50%

中型水电站，392.75万千瓦，39.18%

大型水电站，524.50万千瓦，52.32%

图5-15　秦巴山脉区域各类水电站装机容量图

　　就装机容量及数量来说，大型水电站数量与中型、小型水电站数量相比，相对较少，然而其总装机容量占秦巴山脉区域水电站总装机容量的52.32%；中型水电站不仅数量较多，且单个水电站装机容量较大，其总装机容量占秦巴山脉区域水电站总装机容量的39.18%，秦巴山脉区域大型、中型水电站装机容量组成了总装机容量的91.50%；小型水电站数量虽然较多，但因单个装机容量较小，其总装机容量只占秦巴山脉区域水电站总装机容量的8.50%。由此得出，秦巴山脉区域水力资源开发仍然以大中型水电站为主。

就水力资源开发的流域位置来说，秦巴山脉区域内水电站主要集中于汉江流域丹江口以上河段和嘉陵江流域的中上游河段（图5-16和图5-17）。其中，嘉陵江流域中上游河段水电站共有31座，总装机容量为418.86万千瓦；汉江流域丹江口以上河段水电站共有52座，总装机容量为583.64万千瓦。秦巴山脉区域水电开发主要以汉江流域为主，其数量及装机总量均多于嘉陵江流域中上游河段。

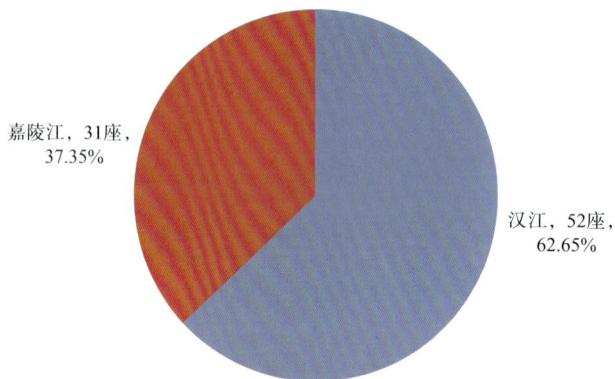

嘉陵江，31座，37.35%
汉江，52座，62.65%

图5-16　秦巴山脉区域水电站数量流域分布图

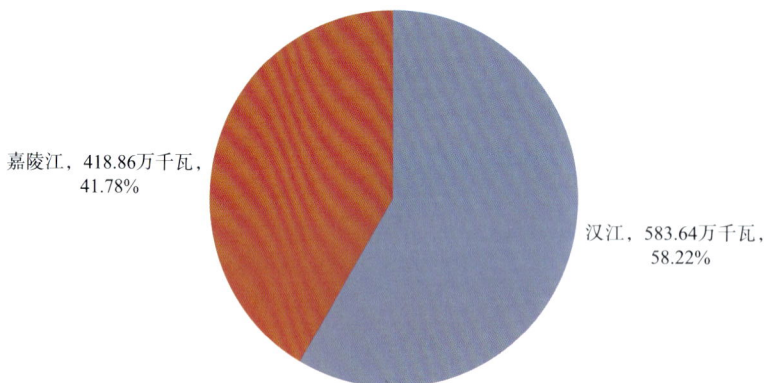

嘉陵江，418.86万千瓦，41.78%
汉江，583.64万千瓦，58.22%

图5-17　秦巴山脉区域水电站总装机容量流域分布图

汉江中上游支流多发源于秦岭或大巴山，地处山区，河流落差大，致使汉江水系水力蕴藏丰富，达1 093万千瓦，可开发量为614万千瓦，为社会经济发展提供了天然的有利条件。汉江干流上水电站装机容量均在10万千瓦以上，其中最大的水电站为丹江口水电站，装机容量为96.50万千瓦。然而，从汉江中上游干支流水电站分布来看，水电站多分布于石泉水库上游部分，其下游部分少有分布。且对比中国电建集团西北勘测设计研究院20世纪90年代制定的相关汉江上游支流水利开发规划报告可发现，规划报告中大部分推荐水电站并未实施建设，故汉江上游仍有巨大的水力资源可供开发。

嘉陵江水力资源丰富，水力蕴藏量为1 525万千瓦，现已建成旬阳水电站、亭子口水利枢纽、升钟水库等大型水利工程，但嘉陵江干流上游河段受地形、地质条件限制，以及沿江宝成铁路的影响，尚未有梯级水电站建成，其水能利用程度仅为6%，流域内水电资源开发仍具有较大的潜力。流域内白龙江、火溪河、涪江、巴河等支流水电资源开发十分发达，干流上水电资源开发集中于中游，上游只有少数几处水利工程，其中干流上亭子口水利枢纽装机容量为110万千瓦，为秦巴山脉区域装机容量最大的水利工程。略阳下游河段为开发利用区，根据地形地质条件及宝成铁路等限制条件，略阳至广元段暂拟6级梯级水电站，开发布局基本成型。白龙江流域水能理论蕴藏量432.7万千瓦，开发重点为武都至昭化段的苗家坝水电站、碧口水电站、麒麟寺水电站、宝珠寺水电站、紫兰坝水电站等5级。

就水电站分布省市（片区）来说，甘肃片区内有水电站7座，总装机容量为87.82万千瓦；重庆片区内有2座水电站，装机容量15.00万千瓦；河南片区内有水电站1座，总装机容量1.32万千瓦；陕西片区内有28座水电站，总装机容量为281.17万千瓦；湖北片区内有水电站24座，总装机容量为295.95万千瓦；四川片区内有水电站21座，总装机容量为321.24万千瓦（图5-18和图5-19）。秦巴山脉区域内水电站主要分布于陕西、湖北、四川三省。在总装机容量方面，四川片区占秦巴山脉区域总装机容量的32.04%，所占比例最大；湖北片区和陕西片区总装机容量分别占秦巴山脉区域总装机容量的29.52%和28.05%。综其原因，四川片区、湖北片区水电站数量虽略少于陕西片区，但相差不大。同时，由于四川片区有亭子口水利枢纽（110.00万千瓦）、宝珠寺水电站（70.00万千瓦）等，湖北片区有丹江口水电站（96.50万千瓦）、黄龙滩水电站（51.00万千瓦）、潘口水电站（50.00万千瓦）等大型水电站，且平均装机水平高于陕西片区，故所占比例有所增加。综上可见，秦巴山脉区域水电工程开发主要集中于陕西、湖北、四川三省。

秦巴山脉区域充分利用降水充沛、水资源丰富等优势，与水能资源开发相配套修建了大量水库。其中，大型水库有四川的升钟水库、宝珠寺水库、凤滩水库；陕西的安康水库、褒河水库；甘肃的碧口水库、苗家坝水电站、麒麟寺水电站；湖北十堰市的丹江口水库、陡岭子水库、龙背湾水库、霍河水库、潘口水库、鄂坪水库、白沙河水电站、三里坪水电站、黄龙滩水库等9座及襄阳市14座大型水库；河南的鸭河口水库、陆浑水库、昭平台水库、杨楼水库、孤石滩水库、窄口水库、故县水库等7座大型水库；重庆市大型水库17座（以上共计55座）。本书在调研中对秦巴山脉嘉陵江和汉江流域干流及一级支流60个大中型水库的地理

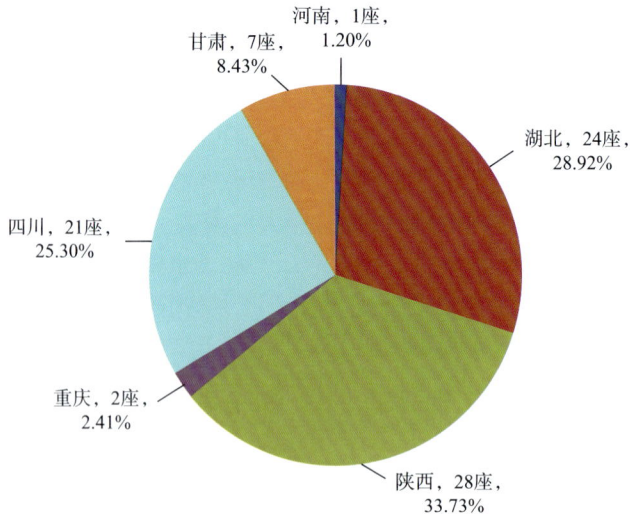

图5-18　秦巴山脉区域各省市（片区）水电站数量分布图
由于舍入修约，数据有偏差

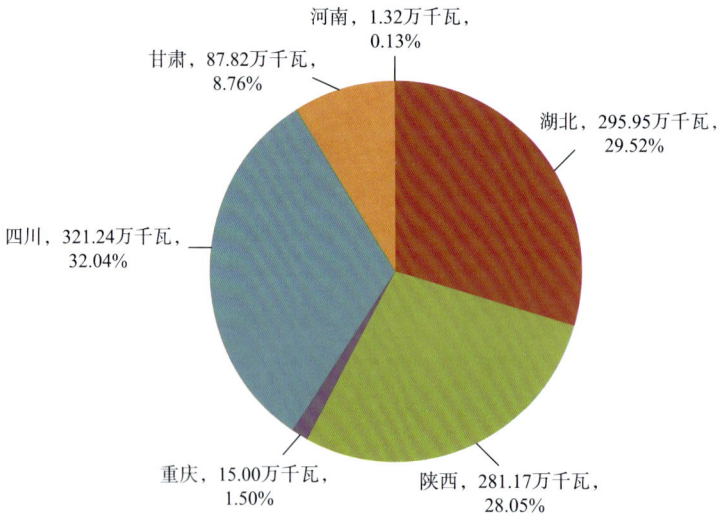

图5-19　秦巴山脉区域各省市（片区）水电站总装机容量分布图

位置、所在流域、水库类型及水库库容等基础资料进行了统计。根据国家标准，将所有水库分为三级：大Ⅰ型水库（水库容量大于10亿立方米）、大Ⅱ型水库（水库容量1亿~10亿立方米）、中型水库（水库容量0.1亿~1亿立方米）。秦巴山脉区域水库统计见表5-18。

表5-18　秦巴山脉区域水库统计

序号	流域	名称	省（市）	河流	库容/亿立方米	类型
1	汉江	安康水库	陕西省	汉江	25.850 0	大Ⅰ型
2	汉江	石门水库	陕西省	汉江	1.099 0	大Ⅱ型
3	汉江	石泉水库	陕西省	汉江	4.400 0	大Ⅱ型
4	汉江	黄金峡水电站	陕西省	汉江	1.900 0	大Ⅱ型
5	汉江	旬阳水电站	陕西省	汉江	3.900 0	大Ⅱ型
6	汉江	蜀河水电站	陕西省	汉江	1.760 0	大Ⅱ型
7	汉江	白河水电站	陕西省	汉江	1.300 0	大Ⅱ型
8	汉江	喜河水电站	陕西省	汉江	2.290 0	大Ⅱ型
9	汉江	毛坝关水电站	陕西省	任河	0.223 0	中型
10	汉江	柴坪水电站	陕西省	旬河	8.500 0	大Ⅱ型
11	汉江	大岭水电站	陕西省	旬河	0.127 8	中型
12	汉江	季家坪水电站	陕西省	旬河	0.129 8	中型
13	汉江	二龙山水库	陕西省	丹江	0.810 0	中型
14	汉江	红寺坝水库	陕西省	濂水河	0.338 1	中型
15	汉江	南沙河水库	陕西省	南沙河	0.450 0	中型
16	汉江	丹江口水库	湖北省	汉江	290.500 0	大Ⅰ型
17	汉江	王甫洲水利枢纽	湖北省	汉江	3.095 0	大Ⅱ型
18	汉江	黄龙滩水库	湖北省	堵河	11.620 0	大Ⅰ型
19	汉江	霍河水库	湖北省	堵河	1.038 0	大Ⅱ型
20	汉江	潘口水库	湖北省	堵河	23.530 0	大Ⅰ型
21	汉江	鄂坪水库	湖北省	堵河	3.027 0	大Ⅱ型
22	汉江	松树岭水电站	湖北省	堵河	0.574 8	中型
23	汉江	龙背湾水电站	湖北省	堵河	8.300 0	大Ⅱ型
24	汉江	龙背湾水库	湖北省	南河	8.300 0	大Ⅱ型
25	汉江	寺坪水库	湖北省	南河	2.690 0	大Ⅱ型
26	汉江	三里坪水电站	湖北省	南河	4.990 0	大Ⅱ型
27	汉江	陡岭子水库	湖北省	金钱河	4.840 0	大Ⅱ型
28	汉江	马张河水库	湖北省	清河	0.242 5	中型

续表

序号	流域	名称	省（市）	河流	库容/亿立方米	类型
29	汉江	柳堰集水库	湖北省	清河	0.154 0	中型
30	汉江	三道河水库	湖北省	蛮河	1.561 0	大Ⅱ型
31	汉江	西排子河水库	湖北省	排子河	202.000 0	大Ⅱ型
32	汉江	孟桥川水库	湖北省	孟桥川	1.128 0	大Ⅱ型
33	汉江	白沙河水电站	湖北省	泉河	2.478 0	大Ⅱ型
34	汉江	羊耳坝水库	重庆市	任河	0.115 4	中型
35	汉江	巴山水电站	重庆市	任河	3.154 0	大Ⅱ型
36	汉江	鸭河口水库	河南省	汉江	13.160 0	大Ⅰ型
37	汉江	赵湾水库	河南省	唐白河	1.065 0	大Ⅱ型
38	汉江	陡坡水库	河南省	唐白河	0.468 0	中型
39	汉江	泰山庙水库	河南省	白河	0.222 8	中型
40	嘉陵江	苗家坝水电站	甘肃省	白龙江	2.680 0	大Ⅱ型
41	嘉陵江	碧口水库	甘肃省	白龙江	5.210 0	大Ⅱ型
42	嘉陵江	麒麟寺水电站	甘肃省	白龙江	0.297 0	中型
43	嘉陵江	升钟水库	四川省	西河	13.390 0	大Ⅰ型
44	嘉陵江	响水滩水库	四川省	翠湖	0.204 8	中型
45	嘉陵江	宝珠寺水库	四川省	嘉陵江	25.500 0	大Ⅰ型
46	嘉陵江	凤滩水库	四川省	沅水	17.330 0	大Ⅰ型
47	嘉陵江	化成水库	四川省	巴河	0.638 0	中型
48	嘉陵江	沙滩河水库	四川省	沙滩河	0.238 0	中型
49	嘉陵江	白水河水库	四川省	白水河	0.127 8	中型
50	嘉陵江	紫兰坝水电站	四川省	白龙江	0.350 0	中型
51	嘉陵江	亭子口水利枢纽	四川省	嘉陵江	42.000 0	大Ⅰ型
52	嘉陵江	红岩子电站	四川省	嘉陵江	1.140 0	大Ⅱ型
53	嘉陵江	水牛家水电站	四川省	嘉陵江	1.435 0	大Ⅱ型
54	嘉陵江	双滩水电站	四川省	巴河	3.000 0	大Ⅱ型
55	嘉陵江	白岩滩水库	四川省	后河	0.655 7	中型
56	嘉陵江	红岩子电站	四川省	嘉陵江	1.140 0	大Ⅱ型

续表

序号	流域	名称	省（市）	河流	库容/亿立方米	类型
57	嘉陵江	双滩水电站	四川省	巴河	3.000 0	大Ⅱ型
58	嘉陵江	白岩滩水库	四川省	后河	0.655 7	中型
59	嘉陵江	阳平水电站	陕西省	嘉陵江	0.126 0	中型
60	嘉陵江	巨亭水电站	陕西省	嘉陵江	0.326 5	中型

在所调研统计的60座中型及以上水库中，大Ⅰ型水库9座，大Ⅱ型水库29座，中型水库22座；三种不同类型水库所占总数量比例分别为大Ⅰ型水库15.00%，大Ⅱ型水库48.33%，中型水库36.67%（图5-20）。从比例分布上看出，大Ⅱ型水库所占比例最大，接近调研范围总数量的一半，成为秦巴山脉区域内水利开发的重点。结合表5-17，大Ⅱ型水库中大部分为水电站水库，该类型水库以发电为主，部分兼有防洪、灌溉、养殖等功能。相较来说，中型水库则多承担灌溉功能，部分水库兼有发电功能，但装机容量不大。而所占比例最小的大Ⅰ型水库则功能较为全面，兼有发电、防洪、灌溉等功能，多为区域内中心水利工程。例如，安康水库（水电站）、丹江口水库、亭子口水利枢纽，三者均作为汉江流域陕西、湖北、四川区域中心工程，具有重大战略意义。

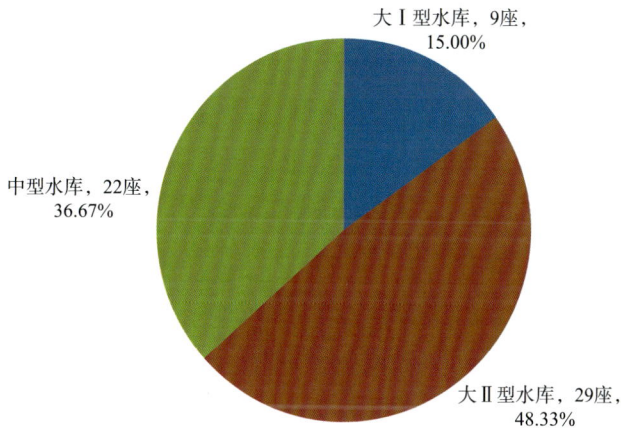

图5-20　秦巴山脉区域水库类型分布图

从水库流域分布来看（图5-21），秦巴山脉区域内的水库有39座分布于汉江流域，占总数的65.00%；有21座分布于嘉陵江流域，占总数的35.00%。汉江流域干流及一级支流水利开发程度高于嘉陵江流域干流及一级支流，这一情况与统计区域内水利开发情况相统一。

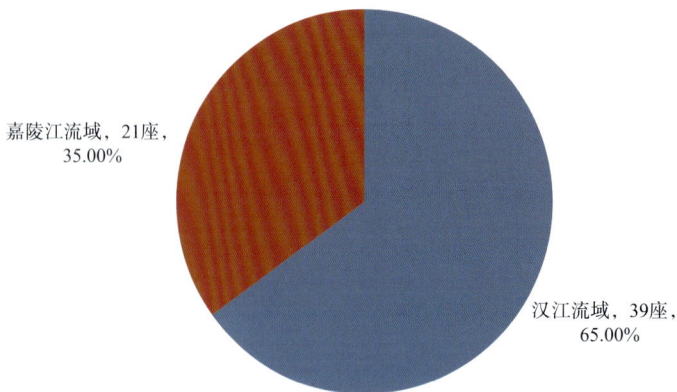

图5-21　秦巴山脉区域水库流域分布图

就水库分布省市（片区）来说，所调查水库中，陕西片区有17座，占总数量的28.33%；湖北片区有18座，占总数量的30.00%；四川片区有16座，占总数量的26.67%；甘肃片区有3座，占总数量的5.00%；河南片区有4座，占总数量的6.67%，重庆片区有2座，占总数量的3.33%。由此可见，秦巴山脉区域水库主要分布于陕西、湖北、四川三省，这与水电开发活动分布情况相符合。究其原因，这三省中，陕西及湖北占据了汉江丹江口水库上中游流域大部分面积，且汉江干流均在该两省境内；四川占据了除嘉陵江源头流域外中上游流域的大部分面积。同时，由于四川、湖北境内水系发达，流量丰沛，具备水利开发的优良条件。

秦巴山脉区域水电开发活动为其经济发展带来了强大动力，但对当地的生态环境产生的冲击和压力更为巨大。一般来说，水电大坝建设施工期的主要影响是沿陆域—河岸带—水域的方向，首先对陆域生态系统产生破坏，其次影响到河岸带，最后影响到水域；运行期的影响是沿水域—河岸带—陆域方向，主要是通过对水域的影响，进而影响到河岸带，最终影响到陆域。

秦巴山脉的两大流域嘉陵江流域和汉江流域综合规划建设的水电工程，将对流域生态环境产生重要影响。

（1）水环境影响。水电工程开发后嘉陵江水库库区总体水质变化不大，但污染物迁移扩散能力将下降，局部水域水质变差，干流水体纳污能力也有所改变。汉江流域内径流时空分布将发生很大变化，河流水位将抬高，水面变宽，水域面积增加。汉江干流径流量与天然状态相比有所减少，年内径流量变幅减小。丹江口大坝加高后水温变化带来的环境影响是局部且有限的，而库区排污口附近局部水域污染物浓度却有所增加。水电开发产生的累积叠加影响，对局部河段水质不利影响更为严重。

（2）水生态影响。水电工程开发过程中造成流域的景观生态优势度基本保持现状，而河流服务功能将增强；由于规划建设项目的淹没和占地及移民工程，部分区域森林、灌草丛生态系统将受影响，水域面积增大，区域植被异质度降低，生物生产力略有减少。梯级水电工程开发规划的实施，对水生生物产生阻隔影响，水库蓄水形成的静水、缓流区域对广布性鱼类的种群增长有利，但对产漂流性卵的鱼类会造成不利影响。

三、跨流域调水现状

跨流域调水是在两个或两个以上的流域系统间通过调剂水量余缺所进行的合理开发利用和配置水资源的方式，是解决水资源时空分布不均的有效途径之一。为了充分利用秦巴山脉水资源丰富的优势，缓解京、津、陕等地区水资源危机，为沿线城市生活、工业、农业增加供水并推动经济发展，政府规划实施了南水北调中线工程、引汉济渭、黑河引水工程等10个主要跨流域调水工程。各项调水工程的取水地、调水目的地、年调水量、实施时间、调水线路长度、涉及流域等情况见表5-19。

表5-19 秦巴山脉的主要调水工程概况

序号	工程名称	取水地	调水目的地	实施时间	年调水量/亿立方米	调水线路长度/千米	涉及流域
1	南水北调中线	丹江口水库陶岔渠首	北京及沿线城市	2014年（一期）	94.21	1 431.95	汉江流域、海河流域
				2030年（二期）	128.92		
2	引汉济渭	黄金峡水利枢纽、三河口水利枢纽	西安渭河	2017年	5.00	330.77	汉江流域、渭河流域
				2020年	10.00		
				2022年	15.00		
3	引乾济石	柞水县乾佑河	五台乡石砭峪水库	2006年	0.47	21.85	汉江流域、渭河流域
4	引红济石	汉江水系褒河支流红岩河上游	渭河支流石头河	2018年	0.91	20.00	汉江流域、渭河流域
5	鄂北调水工程	丹江口水库清泉沟隧洞	大悟县及沿线城市	2020年（预计）	7.70	269.00	汉江流域、汉江流域
6	黑河引水工程	黑河、石头河、石砭峪水库	西安城区	1996年（一期）	1.83	143.00	渭河流域、渭河流域
				2002年（二期）	4.00		

续表

序号	工程名称	取水地	调水目的地	实施时间	年调水量/亿立方米	调水线路长度/千米	涉及流域
7	二郎坝引嘉入汉	嘉陵江二级支流西流河	汉江一级支流玉带河	1985年	2.14	5.50	嘉陵江流域、汉江流域
8	引江济汉	长江荆州段	汉江潜江段	2014年9月	95.00	67.23	长江干流流域、汉江流域
9	调燕入平	燕山水库	白龟山水库	2014年9月	1.06	58.30	淮河流域
10	调丹入平	丹江口水库	白龟山水库	2014年8月	1.28	—	汉江流域、淮河流域

　　由调研结果可看出，秦巴山脉的调水工程涉及流域以汉江流域为主，大多分布在陕西片区、湖北片区和河南片区，且调出秦巴山脉的水量远大于调入水量。

　　其中，南水北调中线工程无论是在调水量、调水范围还是管理复杂程度上均远超调研的其他调水工程。相比之下，引汉济渭、引乾济石及鄂北调水工程等调水量较小，涉及市县少，管理机构简单，不存在跨省调水协调的问题。为减少中线调水给汉江中下游造成的不良影响，政府规划实施了引江济汉工程及二郎坝引嘉入汉工程，向汉江补给长江水及嘉陵江水，有效地缓解了下游水量不足的问题，同时为南水北调中线二期工程的顺利开展奠定了基础。

　　南水北调中线工程是秦巴山脉最主要的水资源外调工程。该工程南起秦巴山脉湖北片区丹江口水库，引水北上至京津地区，主要涉及区域内陕西、湖北及河南三省。输水工程全长约1 432千米，中线工程分二期实施，主体工程由水源区工程、输水工程和汉江中下游治理工程三大部分组成。水源区工程为丹江口水利枢纽后期续建；输水工程即引汉总干渠和天津干渠。中线一期工程平均每年可调水94.21亿立方米，远期将达到年均近130亿立方米。为减少中线工程从丹江口水库调水后，汉江中下游水量大幅减少及对湖北中部地区的不利影响，政府实施了湖北省引江济汉等四项生态建设工程。2014年12月12日，历时11年建设的南水北调中线工程正式通水。通水后，每年可向北方输送约94亿立方米的水量，基本缓解了北方严重缺水局面。

　　引汉济渭的水源区为汉江黄金峡水库坝址断面以上，其水源区与南水北调中线工程水源区是部分重合的，准确地说，后者的水源区包含了前者的水源区，二者调水存在竞争关系。引汉济渭工程实施10亿立方米调水后，中线一期工程多年平均调水量与94.21亿立方米相比减少1.049亿立方米，占总调水量的1.1%。而北调水是中线工程受水区的水源之一，在北调水供水不足时，可由当地其他水源调剂，因此对中线一期工程受水区的影响有限[1]。

　　丹江口水库位于汉江中上游，分布于湖北省丹江口市和河南省南阳市淅川县，水源来自汉江及其支流丹江。根据《丹江口库区及上游水污染防治和水土保持"十二五"规划》，2014年中线通水前，丹江口水库陶岔取水口水质达到《地表水环境质量标准》（GB 3838—2002）Ⅱ类要求（总氮保持稳定）；主要入库支流水质符合水功能区要求；汉江干流省界断面水质达到《地表水环境质量标准》（GB 3838—2002）Ⅱ类要求。2015年末，丹江口水库水质稳定达到《地表水环境质量标准》（GB 3838—2002）Ⅱ类要求（总氮保持稳定）；直接汇入丹江口水库的各主要支流水质不低于Ⅲ类（现状优于Ⅲ类水质的入库河流，以现状水质类别为目标，不得降类），入库河流全部达到水功能区划目标要求；汉江干流省界断面水质达到《地表水环境质量标准》（GB 3838—2002）Ⅱ类要求。表5-20、表5-21分别为陕西、湖北、河南三省境内汉江（包括丹江和其他部分支流）及丹江口水库主要断面水质状况统计表。

表5-20　汉江（包括丹江和其他部分支流）主要断面水质状况统计表

断面所在地		监测断面名称	断面水质类别			
			2011年	2012年	2013年	2014年
陕西省	汉中市	烈金坝	Ⅰ	Ⅱ	Ⅰ	Ⅱ
		梁西渡	Ⅱ	Ⅱ	Ⅱ	Ⅱ
		南柳渡	Ⅲ	Ⅱ	Ⅲ	Ⅱ
		蒙家渡	Ⅲ	Ⅱ	Ⅱ	Ⅱ
		黄金峡	Ⅱ	Ⅱ	Ⅱ	Ⅱ
	安康市	石泉（Ⅰ）	Ⅱ	Ⅱ	Ⅱ	Ⅱ
		石泉（Ⅱ）	Ⅱ	Ⅱ	Ⅱ	Ⅱ
		安康（Ⅰ）	Ⅰ	Ⅱ	Ⅱ	Ⅱ
		安康（Ⅱ）	Ⅱ	Ⅱ	Ⅱ	Ⅱ
		月河	Ⅱ	Ⅱ	Ⅲ	Ⅲ
		旬河	Ⅱ	Ⅱ	Ⅱ	Ⅱ
		白河（Ⅰ）	Ⅱ	Ⅱ	Ⅱ	Ⅱ
		白河（Ⅱ）	Ⅱ	Ⅱ	Ⅱ	Ⅱ
	商洛市	丹江（Ⅰ）	—	Ⅰ	—	—
		丹江（Ⅱ）	—	Ⅱ	—	—

续表

断面所在地		监测断面名称	断面水质类别			
			2011年	2012年	2013年	2014年
陕西省	商洛市	丹江（Ⅲ）	—	Ⅱ	—	—
		丹江（Ⅳ）	—	Ⅱ	—	—
		丹江（Ⅴ）	—	Ⅱ	—	—
		丹江（Ⅵ）	—	Ⅲ	—	—
		丹江（Ⅶ）	—	Ⅲ	—	—
		丹江（Ⅷ）	—	Ⅲ	—	—
湖北省	十堰市	汉江白河段	Ⅱ	Ⅱ	Ⅱ	Ⅱ
		堵河	Ⅱ	Ⅱ	Ⅱ	Ⅲ
		天河	Ⅱ	Ⅲ	Ⅲ	Ⅳ
		滔河	Ⅱ	Ⅱ	Ⅱ	Ⅱ
		金钱河	Ⅱ	Ⅱ	Ⅱ	Ⅱ
		神定河	Ⅴ	Ⅴ	劣Ⅴ	劣Ⅴ
		泗河	—	—	劣Ⅴ	劣Ⅴ
	襄阳市	沈湾	—	—	Ⅱ	Ⅱ
		仙人渡	Ⅱ	Ⅱ	Ⅱ	Ⅱ
		白家湾	Ⅱ	Ⅱ	Ⅱ	Ⅱ
		余家湖	Ⅱ	Ⅱ	Ⅱ	Ⅱ
		郭安	Ⅱ	Ⅱ	Ⅱ	Ⅱ
河南省	南阳市	老灌河淅川段	Ⅲ	Ⅲ	Ⅰ	Ⅲ
		老灌河西峡段	Ⅱ	Ⅳ	Ⅴ	—
		淇河淅川段	Ⅱ	Ⅱ	Ⅰ	Ⅱ
		淇河西峡段	Ⅱ	Ⅱ	Ⅰ	Ⅱ
		丹江淅川段	Ⅱ	Ⅱ	Ⅱ	Ⅱ
	三门峡市	淇河卢氏段	Ⅱ	Ⅱ	Ⅰ	Ⅱ
		老灌河卢氏段	Ⅱ	Ⅱ	Ⅰ	Ⅱ
	洛阳市	老灌河栾川段	Ⅱ	Ⅱ	Ⅰ	Ⅱ

注：白河（Ⅰ）为白土岗段，白河（Ⅱ）为新甸铺段；丹江（Ⅰ~Ⅷ）分别为峡口断面、胡村、麻街、构峪桥、商镇、张村、丹凤下5千米、丹江出境断面

表5-21 丹江口水库主要断面水质状况统计表

监测断面名称	断面规划类别	断面水质类别		
		2012年	2013年	2014年
坝上中	Ⅱ	Ⅱ	Ⅱ	Ⅱ
江北大桥	Ⅱ	Ⅱ	Ⅱ	Ⅱ
何家湾	Ⅱ	Ⅱ	Ⅱ	Ⅱ
龙口	Ⅱ	Ⅱ	Ⅱ	Ⅱ
莲花	Ⅱ	Ⅱ	Ⅱ	Ⅱ
总体	Ⅱ	Ⅱ	Ⅱ	Ⅱ

由表5-20、表5-21数据可知，秦巴山脉水源地水源状况良好，汉江（包括丹江和其他部分支流）主要断面水质大部分可维持在Ⅱ类标准，丹江口水库主要断面水质状况则可稳定在Ⅱ类标准，然而安康市月河，十堰市堵河、天河、神定河、泗河及南阳市老灌河（淅川段、西峡段）等仍污染严重，需加大治理力度。

第四节 水资源利用与生态保护相关规划和政策

由于秦巴山脉是南水北调中线工程水源保护区，也是国家新一轮扶贫开发攻坚战主战场中涉及省（自治区、直辖市）最多的片区，区域的经济发展、水资源利用与环境保护一直是国家与地区规划的重点。

一、水污染防治及水资源利用相关规划和政策

对于秦巴山脉区域经济发展相对落后而水资源丰富的现状，国务院扶贫开发领导小组办公室与国家发展和改革委员会于2012年5月联合发布的《秦巴山片区区域发展与扶贫攻坚规划（2011-2020年）》提出建设一批支撑区域发展的重要水源工程和调水工程，提高区域水资源供给能力；兴建中小型水库、引提水和连通工程、小微型水利设施，因地制宜开发利用地下水源，有效缓解工程性缺水问题。

水利部印制的《长江流域综合规划（2012—2030年）》是长江流域开发、利用、节约、保护水资源和防治水害的重要依据，也是流域内各省（自治区、直辖市）各部门制定国民经济发展战略目标、安排建设计划的重要依据。为了加强南水北调工程的供用水管理，充分发挥南水北调工程的经济效益、社会效益和生态效益，国务院于2014年2月发布的《南水北调工程供用水管理条例》，明确南水北调中线工程的供用水管理。该条例提出南水北调工程水量调度遵循节水为

先、适度从紧的原则，统筹协调水源地、受水区和调水下游区域用水，加强生态环境保护。

三峡工程是长江流域最大的水利枢纽工程，兼具航运、发电、防洪等多种功能。为防治三峡库区及其上游流域水环境污染，改善库区及上游地区的生态环境，国务院于2001年批复了《三峡库区及其上游水污染防治规划》，并于2008年进行了修订。该规划强调在防治污染过程中，要加强生态保护，预防为主，保护优先，遏制人为生态破坏。对库区及上游地区的天然林保护、水土流失治理、草原沙化治理和矿山治理与恢复等生态建设工程必须统筹安排，优先实施。合理控制人口规模，严禁不合理的开发活动和新建污染严重的企业。强化污染源头治理，实施控污减排；要结合流域产业结构调整严格控制新污染；工程措施削减与环境监管双管齐下。该规划为地方人民政府有重点地进行水污染防治工作和安排国家投资提供了依据。

2011年5月国务院通过《三峡后续工作规划》。该规划提出将水库水域、消落区、生态屏障区和库区重要支流作为整体，综合采取控制污染、提高生态环境承载力、削减库区入库污染负荷等措施，建设生态环境保护体系；实施生态修复，改善生物栖息地环境，保护生物多样性。

2014年，国务院批复《全国对口支援三峡库区合作规划（2014-2020年）》，对库区环境保护提出了更高的要求。该规划提出把库区水污染防治作为支持库区工作的重点，继续安排好库区城镇污水和垃圾处理设施及配套管网建设。在开展农村环境综合整治、农业面源污染防治、农村沼气建设、农村清洁工程、种养殖业废弃物资源化利用等方面，继续对库区给予支持，支持库区开展农林环境综合整治和水环境监测网络的能力建设。

为维护库区生态安全，重庆市、湖北省两地政府也相继制定了一系列的环境保护政策和规划。2011年10月，《重庆市长江三峡水库库区及流域水污染防治条例》开始实施。该条例突出了对水源保护地分区保护制度。为预防控制环境污染风险，推进污染工业项目园区化，该条例规定"除在安全上有特殊要求的项目外，新建有污染物排放的工业项目，应当进入工业园区，化工项目应当进入化工园区。禁止在化工园区外扩建化工项目。鼓励现有工业项目迁入工业园区"。该条例还规定"工业园区内的项目对水环境存在安全隐患的，应当建立车间、工厂和园区三级环境风险防范体系"。该条例划定了畜禽禁养区、限养区并实施分类管理，并将区域限批、排污权交易、环境污染责任保险等行之有效的新制度、新措施上升为地方性法规。

丹江口库区及上游是国家"十二五"规划重点流域水污染防治区域，早在2005年11月发布的《丹江口库区及上游水污染防治和水土保持"十二五"规划》中，在流域水资源规划和土地利用规划的基础上，进行了流域水质规划和水土保持总体规划、区域治污规划和水土保持规划、水污染防治和水土保持工程与管理项目规划和投资规划三个层面的工作，划分了水源地安全保障区、水质影响控制区和水源涵养生态建设区，分区规定了治理污染与水土保持任务。《丹江口库区及上游水污染防治和水土保持"十二五"规划》在总结评估原规划实施情况的基础上，核定规划分区、控制单元范围及基础数据，评价并筛选优先控制单元，统筹安排水污染防治和水土流失治理任务，合理布局各类项目。其基本原则为：政府主导，多方参与；分区控制，分类指导；预防为主、保护优先；统筹项目，严格考核。

2015年1月，湖北省人民政府印发《南水北调中线工程丹江口水库饮用水水源保护区（湖北辖区）划分方案》，划定了南水北调中线工程丹江口水库饮用水水源保护区（湖北辖区），明确了饮用水源保护区各部门监督与管理的内容，各部门要按照有关规定和各自职责做好饮用水水源污染防治工作。

2015年4月，河南省人民政府办公厅印发《丹江口水库（河南辖区）饮用水水源保护区划》，划定一级保护区、二级保护区及准保护区的范围；要求一级保护区水质达到Ⅱ类或优于Ⅱ类标准；在一级保护区内，禁止从事网箱养殖、旅游、游泳、垂钓等活动。根据该区划，河南省辖区内的丹江口水库及其汇水区域被全部纳入保护范围。丹江口水库汇水区域内的南阳、洛阳、三门峡和邓州四市政府逐步建立起水污染联防联控制度，共同改善丹江口水库及入库支流水质，防范水环境风险。

与水资源开发相配套的《丹江口库区及上游地区经济社会发展规划》，是当前和今后一个时期指导丹江口库区及上游地区经济社会发展的行动纲领和编制相关规划的重要依据。围绕库区水质稳定达标，有关部门实施了严格的环境保护政策，加强环境污染防治，强化生态保护与修复，增强区域可持续发展能力。该规划还明确了饮用水源保护区各部门监督与管理的内容，各部门要按照有关规定和各自职责做好饮用水水源污染防治工作。

对于生态保护方面，国家林业局[①]于2013年12月根据《全国主体功能区规划》的总体要求，在《国家重点生态功能区秦巴生物多样性生态功能区生态保护与建设规划（2013—2020年）》确定秦巴山脉生物多样性功能区的发展方向为：以保护和修复生态环境、提供生态产品为首要任务，围绕着"生物多样性保护"、"生物多样性恢复"、"生态扶贫"和"生态监管"四方面作为主要建设内容，并提出了政策需求及相关的法律保障、资金保障、技术保障和考核体系。其政策需求主要包括国家重点生态功能区转移支付、生态效益补偿政策、人口易地安置的配套扶持政策、基层保护工作人员的待遇保障政策、区域建设与生态功能区定位保持一致的政策。

---

① 现国家林业和草原局。

二、秦巴山脉生态补偿规划和政策

针对日益严重的流域生态问题，各国政府和国内外学者都在寻求建立一套行之有效的生态补偿制度。我国政府在一系列中央文件，如《中华人民共和国国民经济和社会发展第十一个五年规划纲要》、《国务院2006年工作要点》和《国务院关于落实科学发展观加强环境保护的决定》等都对"建立生态补偿机制"提出了明确要求，并出台了一系列政策体系。针对秦巴山脉现状，国务院扶贫开发领导小组办公室与国家发展和改革委员会联合发布的《秦巴山片区区域发展与扶贫攻坚规划（2011-2020年）》指出："建立健全南水北调中线工程水源区的生态补偿机制。通过市场机制引导企业进行生态补偿。研究建立水电开发利益共享机制，探索建立水电资源开发长效补偿机制，按照国家相关规定积极推进直供电试点。"

为加强南水北调中线水源区生态环境保护，缓解水源区水质保护和地方经济发展的矛盾，推进基本公共服务均等化，2008年起，中央财政设立国家重点生态功能区转移支付，通过明显提高转移支付补助系数等方式，加大对青海三江源、南水北调中线水源地等国家重点生态功能区和国家级自然保护区、世界文化自然遗产等禁止开发区域的一般性转移支付力度。生态转移支付资金，主要用于库区生态建设和涉及民生的基本公共服务领域，在促进水源地污染企业"关、停、转、调"，补偿安置企业下岗工人，促进水源区生态环境设施建设等方面发挥了积极作用。

为推动南水北调中线工程丹江口库区及上游地区与沿线地区互助合作，促进南水北调中线工程丹江口库区及上游地区经济社会发展与中线工程水资源配置总体目标相协调，保障"一泓清水北送"，2013年国家发展和改革委员会、国务院南水北调工程建设委员会办公室会同有关部门和地方政府组织制定了《丹江口库区及上游地区对口协作工作方案》。其中，北京市对口河南省南阳市、三门峡市、洛阳市和湖北省十堰市、神农架林区水源区；天津市对口陕西省商洛市、汉中市、安康市水源区。该方案规定，北京市、天津市要结合地方经济和财力状况，从该方案实施当年起，每年筹集一定数额的对口协作资金，用于开展示范项目和产业集聚区建设、引导本市企事业单位到受援地区发展，以及组织开展就业创业培训、经贸交流活动等经济社会发展工作。2014年，北京安排南水北调对口协作资金5亿元，其中河南2.5亿元，湖北2.5亿元。天津向陕西提供的首期2.1亿元协作资金于2014年底拨付到位，支持陕南水源区的50多个重点项目建设。

第五节　总体形势判断

尽管秦巴山脉水资源众多，但其水环境情况不容乐观，近年来水环境资源保护与各方面的发展存在一定的矛盾，出现一些不相适应的形势。

一、与公众诉求不相适应

秦巴山脉是黄河流域文化与长江流域文化的交汇处，总人口6 164万人，人口众多、经济发展与教育文化水平相对落后，使得促进城乡居民增收的压力较大，人口、资源和环境的矛盾尚未得到缓解。

2006年以来，陕西省汉江流域水源各地已关停规模以上企业500多家，依法取缔小矿山、小冶炼、小造纸、小水泥等"十五小"企业千余家，叫停和否决新上项目300多个[2]。

湖北省十堰市为南水北调中线工程的核心水源区。自南水北调中线工程开工以来，十堰市共迁建企业121家，财政收入年减少1.4亿元，调水年减少发电收入5.4亿元。同时，为确保淘汰和拒绝高投入、高耗能、高污染工业项目，政府对新上项目实行环保一票否决制。2014年，十堰市共否决污染项目26个，涉及金额8亿多元，取缔、关闭"十五小""新五小"企业87家，清除畜禽养殖场286家。

十堰丹江口市作为丹江口水库的主要所在地，凭借水电资源，形成了一批电解铝重工业项目。2003年，国家确定丹江口水库为南水北调中线水源区，丹江口市坚决关停汉江丹江口铝业有限责任公司第一电解铝厂、汉江丹江口铝业有限责任公司第二电解铝厂等100多家严重污染的企业，将有污染的80多个项目挡在门外，同时督促9家超标排放的企业新上环保工程，并限期治理达标[3]。郧阳区作为十堰市境内的另一重要水源区，先后否决污染项目16个，涉及投资额1.7亿元，同时关停造纸厂、皂素厂等污染企业十余家。

河南片区为南水北调工程重要的水源保护区，主要涉及南阳、洛阳、三门峡3个省辖市。其中，南阳市先后关停企业800家，关闭畜禽养殖场660家，取缔养鱼网箱4万多个，否定大中型项目选址方案73个，拒绝污染企业200余家，并在南阳市划定了1 490万亩耕地、1 630万亩林地、400万亩水域湿地的"红线"。南阳境内淅川县为南水北调工程核心水源地，2003年以来，淅川县已关停或转型冶炼、化工等企业350家，拒绝大型项目40多个，截至2014年累计经济损失达150亿元，县财政收入一度下滑40%。

地方政府为确保水质安全，均付出了巨大的努力，投入了大量的资金，国家也采取了相应的生态补偿措施。由于没有合理的生态补偿政策，补偿标准不统一、金额过低等，当地政府、企业和群众的权益得不到相应的保证，为保护水质产生的公共成本支出、生态环境保护和基础建设项目、产业异地发展和移民等方面的补偿不能得到落实，为生态保护和建设的付出和牺牲得不到相应合理的补偿，从而本就贫困的水源区经济社会发展更加落后，群众生活水平与其他地区的差距不断加大，与公众诉求不相适应。

二、与经济发展程度不相适应

秦巴山脉区域分布有多个水源保护区、水源涵养区、生物多样性保护区、自然保护区、原始林区、水土保持区等生态敏感片区，地区生态保护压力较大，集中体现为社会经济发展制约负效应、生态移民安置任务、生态安全设施建设成本及由此衍生出的基础设施高标准、广地域投放成本。目前秦巴山脉区域各省（自治区、直辖市）生态保护成本中，除部分由国家财政转移分担外，其余均由地方政府负担，生态保护压力较大。而相应的区域层面的生态补偿机制尚未成熟，水资源补偿、碳排放权交易等制度的制定仍在摸索中，且进展缓慢，与区域内发展现状诉求的矛盾突出。

自南水北调中线工程确定以来，调水工程的建设和调水任务的实施，在满足生产力发展需求的同时，对供水区的经济发展及产业结构也产生了不可避免的影响。陕西、湖北和河南为中线工程主要供水区，为保一库清水送北方，"十二五"期间共安排工业点源污染防治项目142项，投资达192 035万元。区域内矿产资源的开发、工业项目的发展、城镇的建设均受到相应的限制。而跨区域资源补偿机制目前尚不完善，进一步加剧了地区发展动力孱弱、整体贫困的现状。

三、与国家现代治理体系不相适应

秦巴山脉区域是南水北调中线工程水源保护区，也是国家新一轮扶贫开发攻坚战主战场中涉及省（自治区、直辖市）最多的片区。区域的经济发展、水资源利用与环境保护一直是国家与地区规划的重点。

在水资源利用与生态保护方面，国家先后颁布了《丹江口库区及上游水污染防治和水土保持"十二五"规划》《秦巴山片区区域发展与扶贫攻坚规划（2011-2020年）》《南水北调工程供用水管理条例》《全国对口支援三峡库区合作规划（2014-2020年）》等。在生态补偿方面，2008年起，中央财政设立国家重点生态功能区转移支付，制定了《丹江口库区及上游地区对口协作工作方案》等，以加强南水北调中线水源区生态环境保护，缓解水源区水质保护和地方经济发展的矛盾，推进基本公共服务均等化。

但是在各项条例中政策实施的过程中，仍存在一定的问题，导致推进进程缓慢，实际情况与预期效果不相适应，特别是在生态补偿政策方面。例如，由于生态补偿核算标准不统一，国家的重点生态功能区转移支付金额与地方环保投入金额存在一定差距，转移支付资金无法全面支撑丹江口水库及上游地区的水质保护，从而无法保障南水北调中线工程的顺利运营。总体上来说，目前秦巴山脉水资源保护、生态补偿与国家现代治理体系不相适应。

四、与国际地位不相适应

秦巴山脉与阿尔卑斯山脉、落基山脉被地质学家和生物学家并称为"地球三姐妹"，在气候、地理、生物、流域、文化分界等领域具有突出价值。阿尔卑斯山脉是欧洲拉丁语系和日耳曼语系文明的交汇区；落基山脉是美洲印第安文化的发源地；秦巴山脉则是中华民族的诞生地和摇篮之一，是中华文明演进的重要溯源地之一。

秦巴山脉动物种类繁多，据专家调查确认，这里有野生动物400多种，是我国重要的生物基因库和中药库。秦巴山脉森林面积大，尤为著称的是，陕南山川盛产蚕丝、苎麻、茶叶、生漆、桐油、棕片等数十种土特产品；中药材品种多、分布广，共有药用动物、植物、矿物药材1 235种，因盛产绞股蓝，其被誉为"世界绞谷"。秦巴山脉的地下宝藏也十分丰富，境内以有色金属、贵金属、黑色金属和非金属矿产为主。除金、银、铜、铁、硫等矿藏外，汞锑、铅锌等矿藏量在全国也位居前列，秦巴山脉是我国重要的有色金属、贵金属矿藏区。

尽管秦巴山脉存在巨大的生态文明价值，但在国际社会，它的知名度远不及阿尔卑斯山脉和落基山脉。并且秦巴山脉与阿尔卑斯山脉、落基山脉地区在各个方面的发展，特别是水资源保护及利用方面，仍存在一定差距，与其国际地位不相适应。

第六章　水资源绿色开发与利用面临的压力及问题

第一节　河流受污染风险较高

结合调研实际情况，本书将秦巴山脉水资源面临的压力及问题归结为以下四个方面。

一、部分河段污染现象不容忽视

汉江上游地区工业布局仍不尽合理，依汉江或其主要支流仍建有较多工厂。化工、医药制造、电镀、食品酿造和尾矿库等废水重点工业行业污染源的存在，对汉江水质威胁较大。部分企业违法排污、超标排污，偷排、漏排等违法现象时有发生，造成部分河段水体水质下降。个别地区流域生态遭到破坏，污水和垃圾污染、重金属污染等问题逐步显现，有些地方仍比较严重；环保基础设施特别是污水处理厂和垃圾填埋场建设仍然滞后，已建成设施运营不规范问题突出，地表水污染在一些地方呈加剧态势；污染减排形势不容乐观，截至2014年底，上游安康、商洛化学需氧量减排进度列陕西省末位，氨氮减排没有实现时间和任务同步的目标。

二、农村生活污染、农业面源污染尚未解决

丹江口库区及上游地区农村生活污水垃圾处理率较低，大多数直排江河，导致大量营养物质随地表径流进入水体，局部水体富营养化问题突出。农村耕作大量不当使用化肥、农药、地膜，土壤残留污染严重。丹江口库区及上游地区有大量土地多为坡耕地，残留物随水土流失排入江河污染水体。畜禽养殖废弃物处理率及废弃物综合利用率较低，污染物处理不达标，部分废水未经处理，直接排入

水体，加剧了水体的富营养化，影响汉江流域水体水质。

三、尾矿库分布较多，难以实现有效监管

秦巴山脉跨越长江、黄河及淮河三大流域，库区及上游地区矿产资源丰富，是我国钼矿、钒矿、汞矿、锑矿、金矿、银矿、硫铁等矿种密集分布的地区，采矿、选矿及加工企业众多，已形成了数量众多、形式各异的尾矿库、废石场及废渣场。

目前水源区共有尾矿库千余座，其中大部分尾矿库建设时间较早，建设标准低，安全基础差，环保设施缺乏。废矿渣含有硫、砷、汞等多种有害成分，有毒渗滤液的渗透将进一步污染地下水。"无主库""三边库"的存在使得监管难度加大，隐患较重，易导致重特大生产安全事故和突发环境事件，严重威胁流域水质安全。目前，部分尾矿库尚未建立在线监测系统。尾矿库数据库的缺乏，使得难以对区域内尾矿库环境风险进行综合评估。有调查显示，丹江口水源区尾矿坝点源污染源周围地表水普遍受到重金属污染，且点源污染源周围水体沉积物重金属积累较为严重。部分尾矿坝点源污染源周围水体重金属污染较为严重，重金属检出率较高。

四、石漠化、水土流失较为严重

根据《中国石漠化状况公报》等统计数据，秦巴山脉区域内石漠化较为严重的地区有三峡库区和丹江口库区。

三峡库区石漠化总面积为6 678平方千米，其中重庆库区石漠化面积5 006平方千米，湖北库区石漠化面积1 672平方千米。库区面积土地石漠化率11.55%。

三峡库区石漠化具体数据见表6-1。三峡库区与秦巴山脉交界的巫山、巫溪、奉节、云阳四县石漠化现象尤其严重，被纳入国家石漠化综合治理重点县。四县的石漠化面积分别达到811.33平方千米、1 505.56平方千米、1 108.91平方千米、167.00平方千米，分别占全县土地面积的27.42%、37.38%、27.13%、4.60%。

表6-1 三峡库区石漠化现状

区域	省（市）	地区	区域面积/平方千米	石漠化面积/平方千米	占辖区土地面积百分比
三峡库区	重庆	渝东北（属于秦巴山脉）	22 125	3 769	17.04%
		渝东南（三峡库区部分）	8 781	1 237	14.09%
		重庆库区合计[1]	46 308	5 006	10.81%
	湖北	夷陵区	3 424	420	12.27%
		秭归县	2 427	351	14.46%

续表

区域	省（市）	地区	区域面积/平方千米	石漠化面积/平方千米	占辖区土地面积百分比
三峡库区	湖北	兴山县	2 327	383	16.46%
		巴东县	3 354	518	15.44%
		湖北库区合计	11 532	1 672	14.50%
		合计	57 840	6 678	11.55%

1）重庆库区除了渝东北、渝东南外，还有长寿、涪陵等地，但这些地方基本没有石漠化

三峡库区湖北段所辖的宜昌市夷陵区、秭归县、兴山县及恩施土家族苗族自治州巴东县均不同程度存在较大面积的石漠化现象，4县均被纳入国家石漠化综合治理重点县。4县石漠化面积分别为420平方千米、351平方千米、383平方千米、518平方千米，分别占全县（区）土地面积的12.27%、14.46%、16.46%、15.44%。

石漠化直接加剧了水土流失现象，三峡库区是我国水土流失最为严重的地区之一，其水土流失面积达到2.7万平方千米，每年流失的泥沙总量为1.4亿吨，占长江上游泥沙的26%。三峡库区重庆段水土流失现象更加严重，其水土流失总面积达到1.99万平方千米，占区域面积的43.08%，区域年土壤侵蚀总量为6 977.59万吨，平均土壤侵蚀模数为3 508.78吨/（千米^2·年）。相比之下，三峡库区湖北段水土流失现象呈现大面积分布，水土流失程度较重庆段轻的特点。三峡库区湖北段水土流失总面积达到0.73万平方千米，占区域面积的63.01%，区域年土壤侵蚀总量为1 280.1万吨，平均土壤侵蚀模数为1 761.52吨/（千米^2·年）。

丹江口库区石漠化总面积为4 620.60平方千米，其中湖北库区石漠化面积3 874.13平方千米，河南库区石漠化面积746.48平方千米。库区面积土地石漠化率10.00%。丹江口库区石漠化具体数据见表6-2。

表6-2　丹江口库区石漠化具体数据

区域	省（市）	地区	区域面积/平方千米	石漠化面积/平方千米	占辖区土地面积百分比
丹江口库区	湖北库区	郧阳区	3 863.00	464.00	12.01%
		郧西县	3 509.00	618.96	17.64%
		竹山县	3 587.00	397.89	11.09%
		竹溪县	3 310.00	1 352.30	40.85%
		房县	5 110.00	694.78	13.60%
		丹江口市	3 121.00	346.20	11.09%
		湖北库区合计	22 500.00	3 874.13	17.22%
	河南库区	淅川县	2 820.00	348.82	12.37%
		内乡县	2 465.00	155.48	6.31%

续表

区域	省（市）	地区	区域面积/平方千米	石漠化面积/平方千米	占辖区土地面积百分比
丹江口库区	河南库区	西峡县	3 454.00	58.44	1.69%
		桐柏县	1 914.00	50.96	2.66%
		南召县	2 946.00	34.15	1.16%
		镇平县	1 500.00	24.28	1.62%
		邓州市	2 369.00	23.84	1.01%
		方城县	2 542.00	20.36	0.80%
		唐河县	2 512.00	19.71	0.78%
		社旗县	1 203.00	10.44	0.87%
		河南库区合计	23 725.00	746.48	3.15%
合计			46 225.00	4 620.61	10.00%

　　丹江口库区湖北段与秦巴山脉交界的郧阳区、郧西县、竹山县、竹溪县、房县、丹江口市6县（市、区）石漠化现象尤其严重，均被纳入国家石漠化综合治理重点县。6县（市、区）的石漠化面积分别达到464.00平方千米、618.96平方千米、397.89平方千米、1 352.30平方千米、694.78平方千米、346.20平方千米，分别占全县（市、区）土地面积的12.01%、17.64%、11.09%、40.85%、13.60%、11.09%。

　　丹江口库区河南段所辖的淅川县、内乡县、西峡县、桐柏县、南召县、镇平县、邓州市、方城县、唐河县、社旗县等10县（市）均不同程度上存在石漠化现象，但总体来说石漠化程度较湖北库区有所降低。其中较为严重的为淅川县和内乡县，两县石漠化面积分别为348.82平方千米、155.48平方千米，分别占全县土地面积的12.37%、6.31%。

　　丹江口库区的石漠化也带来了区域内严重的水土流失问题，其水土流失面积达到1.90万平方千米，每年流失的泥沙总量为0.60亿立方米。其中丹江口库区湖北段水土流失现象较为严重，其水土流失总面积达到1.11万平方千米，占区域面积的49.53%。丹江口库区河南段水土流失总面积达到0.80万平方千米，占区域面积的33.70%，区域年土壤侵蚀总量为990万吨，平均土壤侵蚀模数为2 938吨/（千米²·年）。

　　秦巴山脉区域内水土流失面积占国土总面积的23.31%，主要分布在湖北南漳县，四川通江县、南江县和旺苍县，陕西留坝县和镇安县，甘肃武都区、舟曲县、宕昌县、迭部县和文县。其中，陇南市5县（区）是全国泥石流重发区和长江中上游水土流失重点治理区，水土流失面积约178万平方千米，占土地面积的63.8%，陇南市年均流失泥沙0.48亿吨，占嘉陵江输入长江泥沙的1/4。目前水土流失治理程度和水平尚低，传统农业活动对土地的过度开垦，造成水土流失进一步加重。坡耕地种植等人类活动干扰的加大，进一步加剧了土地荒漠化。秦巴山脉侵蚀程度以轻度和微度侵蚀为主，占水土流失总面积的68.0%，强度、极强度和剧烈侵蚀占水土流失总面积的21.6%。这对区域内生态系统的稳定、水源涵养功能的发挥均构成了一定的威胁。

第二节　水质监测预警能力较为薄弱

为全面、及时、准确地掌握水源区水环境质量现状，国家在建设南水北调方案中全面考虑了水源区工程的水质监测系统，但尚未形成针对南水北调中线工程的生态环境监测网络体系。现行的监测方案虽然为南水北调的顺利调水提供了重要保障，但由于库区及上游地区河流众多，流域面积广、范围大，潜在环境风险较高，尚难以实现大范围、全天时、全天候，常态和非常态的水质监测，不能够及时监测水质现状，也不能有效地防范库区及上游地区突发水污染事件。

一、监测点位布设局部重复与局部不足

丹江口水库、汉江、丹江均布设了个多个水质监测断面，在重要节点均布设了控制断面，其他重要入库支流一般只在支流口或上游布设为数不多的断面。环保系统和水利系统布设的断面不完全相同，监测重点有所差异。现有水质自动监测站点数量少，监测点位布设存在局部重复与局部不足（尤其偏远地区）的情况，不能全面、真实地反映库区及上游地区水质的现状和变化趋势。

二、环境监管能力和手段尚待提高

当前，丹江口水库及上游地区的水质监测工作仍以人工为主的监测方式进行，在站点位置、站点数量、仪器配置等方面，水质远程自动监测距库区规划目标要求仍存在较大差距[4]。库区及上游地区环境监管主要以现场检查为主，监管手段单一，环境监察监测人员编制尚不能达到国家环境监测标准化建设要求，与南水北调中线核心水源区环境保护工作总体要求不匹配。

三、水质预警预报能力较为薄弱

水质远程自动监测是掌握水源地实时水质状况、对水污染实施预警预报的重要监测手段。目前，相关部门尚未建立全流域的风险源、水环境数据库，信息传输系统有待完善，难以对库区重点污染源进行全天候的实时监控和高效预警，不足以及时掌握水质、水情状况，应对流域突发水环境污染事故的能力还需进一步提高。

由于丹江口库区及上游地区流域面积较大，水环境保护现状与南水北调水质保护目标的高要求仍不相适应，水质污染风险较高。因此，为进一步确保水源地的水质达标，保障南水北调工程的安全稳定运行，亟须完善丹江口水库及上游地区水质监测预警体系，为核定流域上下游水质保护权责、控制水体污染、实施生态补偿、制定环境管理政策提供重要依据。

第三节　生态补偿机制有待进一步完善

秦巴山脉区域人口众多，经济发展相对落后，教育文化水平偏低，发展地方经济和促进城乡居民增收的压力依然较大，人口、资源与环境的矛盾尚未得到根本缓解，南水北调中线工程、三峡工程的存在，对区域环境保护提出了更严格的要求。丹江口水库及上游地区跨越陕西、湖北、河南三省。为确保南水北调中线工程水质安全，使一江清水永续北京，地方政府付出了巨大努力，投入了大量的资金。目前，国家的重点生态功能区转移支付制度对丹江口水库及上游地区已经取得了积极的成效，但也存在一定的问题。

一、补偿标准不统一，补偿金额偏低

近年来，围绕丹江口水库及上游地区水质保护，国家和地方政府均制定了一些涉及生态补偿的相关制度和措施，目前实施的一些补偿办法，存在着核算标准不统一、标准偏低、不足额补偿等问题。一方面导致部分区域内经济发展水平和速度与其他地区间的差距有变大趋势；另一方面又影响着生态及水资源保护的成效。总体来看，国家的重点生态功能区转移支付金额与地方政府的环保投入还存在一定的差距，转移支付资金尚难以全面支撑丹江口水库及上游地区的水质保护，难以保障调水工程的顺利运营。

二、生态补偿方式和资金来源较为单一

丹江口水库及上游地区的生态补偿方式主要为国家的重点功能区转移支付。区域的生态补偿主要依靠政府采取财政补贴、行政管制等手段，如资金补偿、实物补偿、政策补偿等[5]。国家采取的生态补偿措施和政策，基本上是以工程项目建设投入为主，主要为水污染防治和水土保持项目，且投资项目不配套、标准偏低[6]。对产业受限区的产业扶植政策和技术支持等生态补偿措施也急需完善。库区及上游地区生态保护和建设任务重、投入大，由于没有得到合理的补偿，进一步造成区域发展的不平衡。

丹江口水库及上游地区的生态补偿资金主要来源于中央财政一般性转移支付，缺少横向补偿，补偿的资金来源较为单一。因此，尚未形成较为完善的生态补偿机制，以协调不同利益主体对水资源开发、利用与保护的权利和义务。

三、生态补偿政策法规有待完善

目前尚未制定针对丹江口库区及上游地区的生态补偿政策，已有的相关法律法规对水资源保护各利益相关者的权利、义务、责任缺乏很明确的界定，对补偿内容、方式、标准和实施措施也缺乏具体规定。库区及上游地区政府、企业和群众权益保护缺乏细致可靠的依据。

由于没有合理的生态补偿政策，为保护水质产生的公共成本支出、管理支出、产业异地发展和生态移民、生态环境保护和建设项目、环境基础设施建设等方面的补偿不能得到落实[6]；生态及水源保护区生产、生活水平及社会公共服务保障的不足，影响了区域内部分居民脱贫目标的实现。

四、后评估机制有待健全

国家制定了重点生态功能区转移支付政策，对丹江口库区及上游40个县等进行补偿，重点支持环境保护和治理及基本公共服务。国家虽制定了一系列生态补偿的激励约束政策，但其权威性和约束性不够，库区及上游各地区资金的使用成效并没有被全面地评估。

第四节　水经济发展优势有待进一步发掘

天然矿泉水中存有原水中的营养成分及对人体有益的矿物质和微量元素。随着人们生活质量的提高和消费观念的转变，纯天然、绿色、无污染的以矿泉水为主的天然水作为最佳健康饮用水，越来越被消费者青睐。矿泉水产业的投资收益率较高，对于推动地区经济发展，保护环境具有重要作用。发挥水资源优势，培育壮大天然水产业，是推动秦巴山脉绿色循环发展的重要途径。

秦巴山脉地理环境特殊，是国家重要的生态安全保障区，生态环境优良，大部分地区降水较为充沛，部分区域水资源储量丰富、类型多样，水量稳定、质量较高，有适合规模开发的水源地。2015年，丹江口水源地入选首批"中国好水"水源地。秦巴山脉区域内矿泉水品牌主要有商洛威氧矿泉水、安康市康硒矿泉水、白水县杜康矿泉水、汉中市云雾山矿泉水、神农溪矿泉水、武当山泉、麦积山泉矿泉水、淅川县丹水泉等。全国最大的富硒矿泉水生产基地已在安康建成投产。整体来看，秦巴山脉区域具有较好的矿泉水产业发展优势。

第五节　应对气候变化，绿色循环发展之路有待探索

秦巴山脉是指大巴山山脉以北及秦岭山脉以南之间的广大地区，汉水、丹江、洛河等均发源于此，区域内河网密布，形成了汉江谷地、安康盆地、西乡盆地、商丹盆地、洛南盆地等众多盆地。

历史上，秦巴山脉区域除汉江一线开发较早，其余大部分地区直到明代仍属于未开发地带，直至明清之际秦巴山脉仍是人迹罕至的深山野岭。正是由于明代以前长期被划为禁区，区域内的自然资源保存完好。各地县志均详细记载了本地区的丰厚资源。据《明一统志》卷三、卷四，当地土产有铁、金、茶、漆、蜜、蜡、降香、乳香、笋、羚羊角、鹿茸、石青、石碌、熊胆、天麻、海金河、仙灵脾、白胶香、自然铜、水银、朱砂等。丰富的自然资源不仅促进了秦巴山脉的商品经济发展，也成为采伐、冶铁、造纸等产业的物质基础[7]。

中华人民共和国成立后，由于交通不便、基础设施落后，以及自然生态环境的日益恶化，加上观念滞后和封闭意识，秦巴山脉区域逐渐成为全国最为落后的贫困地区之一。

现今，随着全球气候变暖、林地开发、化石燃料使用等因素，秦巴山脉区域的气候条件正在逐年发生变化。如何在气候条件不断变化的前提下保护好生态环境，取得经济的长足进步，尤其是利用循环经济走出一条绿色循环发展之路，是秦巴山脉遇到的一个历史性难题。

第七章　国外水资源保护及利用

秦巴山脉与阿尔卑斯山脉、落基山脉被地质学家和生物学家并称为"地球三姐妹"，在气候、地理、生物、流域、文化分界等领域具有突出价值。然而秦巴山脉与阿尔卑斯山脉、落基山脉地区在各个方面的发展，特别是水资源保护及利用方面，仍存在一定差距。现以阿尔卑斯山脉及落基山脉的部分地区为例，介绍其水资源保护及利用，以供参考借鉴。

第一节　阿尔卑斯山脉水资源保护及利用

阿尔卑斯山脉位于欧洲中南部，覆盖了意大利北部、法国东南部、瑞士、列支敦士登、奥地利、德国南部及斯洛文尼亚。它是欧洲最大的山脉，同时也是巨大的分水岭，欧洲许多大河，如多瑙河、莱茵河、波河、罗纳河等均发源于此。各河上游都具有典型的山地河流特点，即水流湍急、水力资源丰富。以下就阿尔卑斯山脉所在区域的一些国家的水资源保护与开发情况做简单介绍。

一、瑞士

瑞士水资源丰富，被称为欧洲的水库，其淡水资源占整个欧洲大陆的1/8。瑞士年平均降水量1 460毫米，约为欧洲平均降水量的2倍；可再生水资源总量为540亿立方米，按2012年人口计，人均水资源量为6 700立方米。瑞士有51.1%的淡水资源储存在湖泊中，储存于冰川降雪的占25.8%，地下水中含有的淡水占21.4%，储存在水库和河流中的淡水量仅占1.7%[8]。瑞士境内有40多条河流，分属莱茵河、罗纳河、波河和多瑙河4个水系，4条主要河流均发源于阿尔卑斯山脉；境内共有天然湖泊1 484个，其中位于阿尔卑斯山区的有1 358个。

瑞士的水环境治理大致经历了四个阶段。第一阶段始于19世纪，治水的重点为防洪防汛，政府先后颁布了森林法和关于水利工程的联邦法律，兴建相关工程设施。第二阶段从19世纪末到20世纪初，政府颁布了关于水电开发的联邦法律，并兴建若干小型水电站，开始进行水资源的开发利用。第三阶段从20世纪中期开始，政府颁布了关于水质保护的联邦法律，将水资源的开发利用转移到保护水环境上来[9]。第二次世界大战结束后，随着工业化的发展，工厂、家庭大量排放污水，导致水环境恶化，而持续多年的水污染问题直到20世纪五六十年代才开始得到重视并被治理。例如，政府在苏黎世湖周边修建了40多处水净化处理设施，处理后的污水可达到Ⅳ级标准。瑞士拥有世界上功率最大的污水处理厂，可接受污水处理厂服务的人口从1965年的12%上升到2000年的96%[8]。另外，排污收取的排污费，计入水价附加，占水价成本的20%左右[9]。第四阶段从1975年开始，进入了综合开发利用水资源的新阶段，主要是统筹规划、优化开发、讲究实效。1991年，瑞士颁布了《联邦水保护法》，明确指出禁止直接或间接向水体中投入或渗入任何可能导致水体污染的物质，如有水污染的风险，也禁止在水体之外储存或扩散上述物质，这对境内所有的地表水及地下水均适用。在瑞士治水的四个阶段中，不难发现，瑞士十分重视有关水资源保护及开发的法律法规的建设，通过不断完善治水有关的法律体系，将一切水事行为纳入法制轨道。

瑞士也曾面临较为严重的水问题，其中之一便是农业污染带来的水质污染。化学肥料和粪肥中的磷酸盐的长期使用造成了水体富营养化，虽然受影响的主要是小湖泊，但日内瓦湖和楚格湖也存在这一问题。另外，在某些地区，农业污染造成的硝酸盐积聚问题，使地下水中的硝酸盐浓度高于水源保护条例的规定值，并超过饮用水标准。为解决这个问题，瑞士投入大量财力建立污水处理基础设施，鼓励污水处理厂采取先进的脱磷脱氮技术，在环保方面的花费占国内生产总值的1.6%。另外，禁止在洗涤剂中添加磷等措施均使河湖中氮磷的含量维持在较低的水平。

在水利开发方面，瑞士建有大量水利水电工程，且工程施工技术先进，以单位面积上所建的大坝数量计，瑞士居世界第一位。在瑞士，修建大坝主要用于发电。2010年，瑞士全国总发电量为66 252吉瓦时，其中水电站发电量超过37 450吉瓦时，占总发电量的56.5%；全国技术可开发的水电资源蕴藏量为41 000吉瓦时/年，其中86.6%已得到开发利用[10]。因此，瑞士不再规划新的大型水电工程开工建设。值得一提的是，瑞士特别重视生态效益，从水利工程的论证、决策到项目的建设、管理，其始终将生态效益放在首位，且重视水资源保护，国家要求只能改善、优化生态环境，不能影响、破坏生态环境。因此，要建设水电站，必须充分做好前期工作，详尽地分析论证可能造成环境影响的各种因素，并通过国民投票决定工程是否能够建设。

另外，瑞士政府广泛地通过市场经济手段来促进环境的保护和发展，如税收、补贴水价、可买卖许可证等。瑞士在废水管理领域引入"污染者负担治理费用"的原则，使企业或个人内化水环境治理的成本，从而达到自愿减少水质污染的目的。

二、奥地利

奥地利是处于欧洲中部的内陆国，同时也是一个多山国家，阿尔卑斯山脉从西向东横贯全境。奥地利年降水量为1 190毫米，降水总量1 000亿立方米，其中形成地表径流540亿立方米，由邻国注入境内的河川径流为350亿立方米。欧洲第二大河流多瑙河流经奥地利境内350千米，奥地利国内共有湖泊88个。奥地利年总用水量为31.2亿立方米，其中农业用水为3.5亿立方米，工业用水为21.4亿立方米，城镇生活用水为6.3亿立方米[11]。奥地利的水蕴藏量几乎比任何欧洲国家都多，但是它的可用水利用率只有3%，远远低于许多发达国家。

奥地利联邦政府十分重视水资源的可持续发展，其在2000年发布的水政策方案中，列出了三项主要目标：①必须为后代确保水资源的安全，包括必须保持饮用水安全及地下水清洁，不仅是净化污水以备后用，还必须保持蕴藏水的洁净；②必须尽可能保持河流、湖泊及其他水体的自然状态；③必须保护奥地利国民不受水害[12]。不仅政府采取严格的保水、护水政策，民众对于保证和改进水质措施也存在着高度认同感。在国民投票中，民众认为发展中最重要的问题便是对水及水质的保护。

2001年的资料显示，奥地利87%的活水水质达到或超过Ⅱ级水质，所有主要湖泊的水质均可达到清洗用水质量，许多甚至可以达到饮用水的标准[12]。污水净化系统的扩建极大地促进了水质的提高，奥地利超过86%的住户与污水处理厂相连。

在奥地利，开发利用水资源的主要方式首先是兴建水电站，用于拦洪和发电，水力发电量占全国总能源消耗的20%~30%，其次是发展航运、供水、水产养殖和旅游，用于农业灌溉的水量比重则不足10%[11]。奥地利同我国一样，法律规定水资源的所有权属于国家，兴建水电站等开发利用水资源的活动，必须事先向政府申请并取得水的使用权。同瑞士一样，在水资源开发利用方面，奥地利也十分重视生态效益与环境保护，法律规定十分严格。因此，在奥地利要取得水的使用权并兴建水利工程十分困难。例如，兴建水电站事先需要花费大量的时间和经费，详尽地分析论证可能造成水环境影响的各种因素，并且提出的环境保护补偿措施必须得到各方的认可，如果有一方不同意，就不能获得批准。多瑙河流经奥地利境内350千米，已兴建水电站十余座。在奥地利首都维也纳附近兴建第9座水电站时，政府在审批该项目的过程中规定，该水电站的防洪堤、拦河坝要建成花园式建筑，作为维也纳的重要景观，并且设计需由优秀的建筑设计师与环境设计师共同完成，要修建地下防渗墙及补水设施，从而保证不会影响维也纳市区的地下水位[13]。

三、法国

法国位于欧亚大陆西岸，具有典型的海洋性气候特征，常年有雨。自然地理条件的优越，使法国的地表水和地下水蕴藏丰富，年降水量平均为850毫米，人均年用水量4 600立方米。法国境内主要有卢瓦尔河、罗纳河、塞纳河、加龙河、马恩河及莱茵河等6条河流，各河流之间由运河相通，组成了四通八达的水上交通网。

早在1964年，法国颁布水文状况及水量分配法与水污染防治法，对水资源管理体制进行了重大改革。修订的水法将法国国土分成6大流域，开展以流域为核心的组织管理，流域下分设流域委员会和流域水资源管理局，而不再以行政区为单位进行划分。6大流域中，莱茵河-莫斯流域、罗纳河-地中海-科西嘉流域分属于阿尔卑斯山地区。1992年，法国对1964年的水法再次进行修改、补充和完善，明确提出了实行以自然水文流域为单元的流域管理模式，从而实现对各种用途水的平衡管理及对各种形式水（地表水、地下水、海水、沿海水）的统一管理[14]。

法国政府还制定了2010~2013年国家水保护行动计划，目的是在原有的基础上进一步调查并更新其水资源现状，从而加强水污染的防护和治理。法国政府对水源取水到使用后排放中的每一个环节都进行严格的监测把控，全国水质监测站点达2 700个，并制定了80多项用水指标；在所有超过2 000人的城镇均建立污水处理厂，城市污水处理覆盖率超过98%。2011年法国用于水资源管理方面的投资达237亿欧元，其中用于水污染防治和研究方面的支出占43.5%，用于水利基础设施建设和现代化更新方面的支出占56.5%[15]。

法国政府注重通过发动广泛的节水宣传活动等举措，提高民众的节水护水意识，加强水资源治理。目前，计量用水在法国已形成制度化，超过96%的家庭安装了计量水表，这一举措极大地减少了水资源浪费现象的发生。此外，法国政府通过采取听证、公众咨询、推选用水户代表作为流域委员会成员等方式，充分调动公众的积极性，使公众参与到水资源的管理中。这不仅加强了国家对水资源利用知识的宣传普及，还保障了相关水资源管理和水污染防治政策的顺利实施。

四、德国

德国位于欧洲中部，年降水量为790毫米。德国境内降水量分布不均，其中南部阿尔卑斯山区在1 500毫米以上。德国可用水资源总量为1 880亿立方米，其中供水量为320亿立方米，占水资源总量的17%，饮用水占总供水量的16%，地下水总储量达3 000立方米。德国年用水总量仅为410亿立方米，其中工业用水353亿立方米，占用水总量的86.1%，农业用水量仅为2亿立方米，公共生活用水量55亿立方米[16]。德国耕地面积占国土总面积的1/2，森林覆盖率达1/3，均有利于防止水土流失及保持自然生态平衡。

德国以完善的法律体系为依据，对水资源开发利用和污水处理排放实行严格的管理，从而保证水质免于遭受污染。《联邦水法》作为国家水资源管理的基本法，对水资源管理和保护的规定详尽到具体技术细节，同时明确规定了城镇及企业的取水、水处理、用水和废水排放标准。此外，德国还相继颁布了《废水收费法》《联邦土壤保护法》《联邦自然保护法》《清洁剂和洗衣店法》《地下水条例》《饮用水条例》《肥料条例》等专项法律[17]。

德国对河流、湖泊等水域的保护，目标是保持或恢复水域的生态平衡；对水污染的控制，重点是加强对水污染源的控制。而在水利开发方面，德国特别重视水利工程可能会对环境产生的影响，将河流的整治及居住点的保护一并纳入环境强制系统；修建防洪工程也从生态保护和环境治理的全局考虑，把工程措施与水环境、社会环境结合起来。其中一个典型的例子便是，为使河流保持自然状态，阿尔卑斯山脉贯穿的巴伐利亚州有意识地将原来的堤防规则断面改为不规则断面，将原来的直线河道改为弯曲河道。

虽然德国境内水资源充沛，总体上不存在水资源短缺的问题，但为了维持良好的水环境，德国政府大力推进水资源管理技术研发，依靠技术创新的带动，促进水资源可持续利用技术产业化发展。在工业生产方面，努力提高生产用水的循环利用率；在日常生活方面，大力推广新型节水家用电器；在农业生产方面，推广高效滴灌等技术减少灌溉用水量。值得一提的是，在雨水利用技术方面，德国作为世界上最为先进的国家之一，已建成200余万套雨水收集利用系统。

五、意大利

意大利地处地中海北岸，国土南北狭长，可分为3个地区。其中北部地区属于大陆性气候，降水量为意大利全国最大，所占比例为40%，河水流量主要受阿尔卑斯山脉积雪和冰河的影响。意大利年降水量在600~800毫米，但时空分布很不均匀，降水多集中在雨季，历时短、强度高的降水常常形成突发性洪水。因此，意大利面临的水问题中存在防洪减灾任务。

意大利与法国类似，对水资源的管理实行以流域为单位的管理机制，这方便对防洪减灾、水资源的可持续及有偿利用进行科学界定。1989年，意大利立法机构按照流域划分，将国内水资源区域类型分为国际级（与其他欧洲国家接壤地区）、国家级、地区间级和地区级水资源区域。各区域各部门间必须相互合作，共同管理流域内水事务。

其中，意大利国家水文测验与海洋调查局发挥了重要作用。意大利国家水文测验与海洋调查局成立于1917年，隶属于国家环境部，是从事地表水、地下水、岛屿、水系、海岸水体的观测、数据采集、资料整编、洪水预报的政府机构，涉及水资源管理、水利工程咨询、气候变迁研究等诸多方面职能[18]，并按流域分成10个总部所属的流域工作机构。意大利国家水文测验与海洋调查局各类水文站观测得到的水文资料，一方面被应用于政府有关部门进行防洪减灾分析、处理水环境紧急问题，另一方面被作为国家立法机构、政府部门制定水资源管理法规及政策的依据。意大利已基本上实现了各级流域机构所属网站与意大利国家水文测验与海洋调查局中央系统的实时联网，形成了覆盖全国的实时水文数据采集通信网。

六、经验总结

通过对阿尔卑斯山区各国的水资源保护与开发情况的了解与分析，我们可得出以下经验供参考借鉴：①完善相关法律建设，坚持依法治水，强化水行政主管部门的职能。严格的立法、执法行为是进行水资源保护与开发利用的基础，我国在水法体系的完善方面还存在一定的不足之处，在执法环节也存在一定的不严不公问题。只有做好这两个环节，才能做好水资源管理的根本工作。②通过推行以流域为单元的水资源保护与管理的综合管理机制，对水资源从整体上进行管理。这可能要求政府进行水资源管理机构的改革，调整机构的设置，明确各部门的职责，把各方面的工作落实到细节之处。③在水资源的保护及开发利用中，坚持把生态效益放在首位。环境是人类生存的根本，保护生态环境是人类义不容辞的责任。在建设水利工程的过程中，要以生态效益为出发点，对水资源的开发与利用要始终遵循这个原则，从而更好地保护人类的生存环境。④在市场经济条件下，为确保一切水事活动的顺利有序进行，既需要依靠法律和政策的规范，又需要政府加大管理调控力度。⑤利用信息技术的发展，完善水文监测体系，提高水利建设现代化。秦巴山脉河流众多，但在水文监测方面存在监测网络不完善、技术较落后等问题，对其水源利用及保护方面有一定的影响。通过完整的水文体系的建立，可以促进对秦巴山脉区域水质情况的掌握，为下一步的保护、利用措施提供实时的信息依据。⑥进一步增强全民的水资源保护意识，鼓励公众参与到水管理的事务中。我国许多地区存在水资源浪费、破坏水质环境的现象，大众对于水资源保护的意识普遍不高。政府可借助新闻媒体、学校、社区等，进行全民的节水护水教育；公开公布各项水管理规定、水源利用及水质情况，将有关水保护与利用的各项信息深入民众生活中。

第二节　落基山脉水资源保护及利用

　　落基山脉是美洲科迪勒拉山系在北美的主干，主要山脉从加拿大不列颠哥伦比亚省到美国西南部的新墨西哥州，被称为北美洲的"脊骨"，南北纵贯4 800千米，广袤而缺乏植被。除圣劳伦斯河外，北美洲几乎所有大河都源于落基山脉，如阿肯色河、阿萨巴斯卡河、科罗拉多河、哥伦比亚河等，是大陆的重要分水岭。落基山脉降水一般北多南少，北方约为南方的3倍。南方气候大多干燥，且大部分降水为冬季降雪；北部因太平洋气旋暴风雨，全年降水较均匀。落基山脉年平均降水量为360毫米，短期内（到21世纪中叶）年降水量将完全被储存利用，届时可能需要从哥伦比亚河和加拿大西部调水。整个落基山脉地区灌溉用水、工业用水和家庭用水都普遍短缺，且越往南，气候越干燥，水资源的保护与开发也随之越加关键。以下就落基山脉部分地区的水资源保护与开发情况做简单介绍。

一、科罗拉多州

　　科罗拉多州位于美国西部，落基山脉东侧，西部以高山、丘陵为主，东部则是高原地形。科罗拉多州平均海拔2 072米，在美国50个州中地势最高。落基山脉以东为科罗拉多山前地带，宽80千米，长440千米，地表呈波状起伏状。再往东则属于气候干旱的高平原地区，年降水量平均仅有406毫米，70%为夏季降水。落基山脉纵贯科罗拉多州中部，形成巨大的大陆分水岭，东部属于大西洋流域，西部属于太平洋流域。落基山脉东坡的普拉特河及阿肯色河均为密西西比河的支流，格兰德河向南流入新墨西哥州，最后注入墨西哥湾。科罗拉多河由科罗拉多州向西南流，注入加利福尼亚湾。河水补给形式主要以冰融水为主，因此春季河湖水量较多，而其他季节河湖水量较少。

　　由于地形、气候等自然条件的影响，科罗拉多州的水资源分布极不平衡，超过80%的年径流量集中在极难开发的高山地区。20世纪初开始，美国政府通过建设多个水库来解决这个问题，国内最大的两个水库就建在科罗拉多河上，可容纳该条河流4年的径流量。罗斯福上台后，美国政府对于水利工程的建设达到顶点，不仅开发利用河水，还采取措施收集无法补充到河流的冰雪融水，从而达到防洪、灌溉等多项功能[19]。科罗拉多州的发展也曾存在开采金属矿物而引致的水质污染问题，1860年后污染问题逐渐加重，出现多起重金属中毒现象，并引起下游水质恶化等多种问题。为此，科罗拉多州采取的措施主要为关闭几乎所有的工厂，停止除科研外的一切勘探工作，严格规范矿产资源的开发程序。另外，州内农业、工业用水矛盾极为突出，主要体现为农业和电力部门的矛盾，对此美国政府采取的措施是优先农业灌溉用水，通过其他方式补足水力发电量的缺口。

随着社会经济的不断发展，加之水资源的分布不均，在人们大规模开发利用水资源的同时，水资源也呈现出日益短缺的趋势。为缓解供水和用水矛盾，加强对科罗拉多州内地表水及地下水资源的有效利用，实现有限水资源的合理开发及配置，科罗拉多州通过不断修改及颁布水法，逐渐完善以取水许可等水权管理为核心的水资源管理制度。1991年修改的《科罗拉多州水法概要》是该州进行水资源管理的主要法律依据，它的基本思想是水权管理制度。《科罗拉多州水法概要》明确区分了水的所有权（所有权代表为州当局）和使用权（团体和个人所有，由政府代表来维护使用权）；强调了取水的优先权，即取用水的优先顺序（按照取水登记的先后顺序，先登记者先有取水权，另外再按照取水用途，生活用水优先于农业用水，农业用水优先于工业用水）；明确了州内水资源管理部门的权力和职责，并为管理人员在解决相关基本问题时提供有效参考[20]。

二、拉斯维加斯

拉斯维加斯盆地位于内华达州与犹他州大盆地南端的莫哈维沙漠地区，四面环山，地势西北高而东南低。拉斯维加斯盆地年降水量约100毫米，周围山岭年降水量50.8毫米，以降雪为主。夏季高温达47.2℃，蒸发量大。拉斯维加斯市当地居民用水主要来源于地下水和按计划分配的科罗拉多河水。

由于拉斯维加斯市地处沙漠中，水资源短缺一直是这座城市生存和发展的限制性因素，而在其城市化进程中，过量开采地下水，引发了地下水位下降、盆地局部沉陷及中间硝酸盐含量日益增加等问题，但这些问题并没有限制城市的生存及发展。以下分三个阶段阐述其水务发展历程[21]。

第一阶段为1905~1945年，拉斯维加斯市区域内社会经济刚起步，地下水完全可以承担区域内的供水要求。1922年，科罗拉多河流域各州签订《科罗拉多河合约》，联邦政府将整个流域分为上游四州、下游三州，水权各占50%。由于管理人员低估了拉斯维加斯的发展潜力，认为丰富的地下水源可以满足区域内的发展需求，但随着社会经济的发展，水资源紧缺的问题逐渐暴露出来。

第二阶段为1945~1990年，1947年成立的拉斯维加斯谷水区（Las Vegas Valley Water District，LVVWD）整合区域内的供水企业资产，改变供水模式，使供水模式由零散型变为集约型，从而满足快速发展的城市需求。1950年，LVVWD与BMI（British Midland International，英伦航空）公司达成协议扩建科罗拉多河调水工程，使科罗拉多河地表水正式成为该地区居民和商业的供水水源。1955年，内华达州推行地下水的临时取水许可制度，开始实行更为严格的水资源管理手段，而在该阶段，区域内污水处理和安装水表的工作也开始起步。1971年，南内华达州供水系统一期工程建成，通过管线将米德湖的水引入拉斯维加斯，1982年，二期工程建成。20世纪80年代末，拉斯维加斯遭遇了城市历史上最严重的一次水危机，实际用水量提前了40年达到原来预测的2020年需水量，LVVWD通过临时限制新的用水申请，控制水量。

第三阶段从1990年开始持续至今。拉斯维加斯的城市管理者采取多项措施来实现区域内资源的科学管理和合理配置，其中一项影响深远的咨询项目是"水资源管理程序"。当时的调查结果指出，若不采取严格的节水措施，20世纪90年代中期将再次遭遇水荒。因此，内华达州1991年正式出台一项重要的节水措施，即禁止在一天中炎热的时间段浇灌草坪；停办所有新的取水申请，重新审查地区内可用水量和水务基础设施的能力；成立南内华达州水务局（Southern Nevada Water Authority，SNWA）。SNWA和LVVWD促使内华达州各地区和科罗拉多河流域其余各州达成协议，实现区域内水资源更加合理灵活地优化配置，其中最重要的一项措施就是含水层人工回灌储水。1987年，内华达州开始把科罗拉多河水引到山谷地区回灌至当地含水层。

在向公众进行宣传教育方面，内华达州的做法也值得借鉴。例如，新闻媒体开办水资源保护的教育节目，对居民、教师和学生进行供水节水教育；建设沙漠示范公园；成立南内华达州2000年联盟等非政府组织，宣传如何管理水资源及如何节水[22]。

纵观以拉斯维加斯为代表的内华达州的水务管理历程，不难发现，水资源处理问题主要围绕着取水和节水进行。在水源缺少的地区，通过地下水的开采和调水工程的实施，保证可用水的资源量。在该过程中，正确估计用水量的发展趋势，进行科学可靠的咨询项目是必需的。而通过一系列节水措施，小到控制浇灌草坪的时间、居民住户安装计量水表，大到限制新的用水申请、成立统筹管理水资源的水务局，大大减少了水资源的耗费量，从而有利于水资源的可持续利用。

三、犹他州

犹他州位于西部干旱区，是美国第二大干旱州，被落基山脉、科罗拉多高原和大盐湖沙漠盘踞。境内水系分属3大流域：东部属科罗拉多河流域，西部属大盆地内流区，西北部属哥伦比亚河流域。犹他州平均年降水量300毫米，水资源紧缺。犹他州是美国优先水权制度的发源地，在各城市的发展过程中，形成了完备而具体的水权管理制度。

同我国情况类似，犹他州水资源的所有权作为公共财产，属于州所有，但使用权属于个人（下文提到的水权指水的使用权）。犹他州水权制度起源较早，1903年便在优先及合理利用原则的基础之上建立了水法。水法被纳入犹他州法第73篇中，其制定了"水与灌溉"相关法律条例。随着制度的实施，水法不断被修订，逐渐形成完善、合理、适应时代发展的水权管理体系。

水法详细地规定了用户获取水权的方式、用户可获取的几种水相关许可，并为水权交易制度、变更登记制度、水权实施及收回制度、信息公开与查询制度等提供了法律依据，明确了对各水权管理机构的要求和各水权管理机构的职能。犹他州水权制度的突出特点有：①根据用户开发利用水资源或获得水权的时间，明确规定每份水权的用水优先顺序，保证用水的秩序；②水权交易无须固定场所，个人或团体之间可灵活交易，从而使得水资源的利用不断地由低效者向高效者转移；③水法明确规定了水权公有制，占用、变更、交易水资源的前提均是维护其他人对水资源的使用权；④水权制度及信息公开透明，便于各方进行监督实施[23]。

水权制度在实际执行中也产生了些许问题[24]。例如，优先权在实际执行中存在不能保证生态用水、不利于城市化进程的问题，这是因为在用水结构中，农业用水具有优先权，其用水量远远超过居民用水和工业用水，且难以保证对非取水性用水的利用。有益利用原则在水法中定义比较模糊、宽泛，仅由法院通过利用类型和用水量两方面的标准来判断用水行为是否符合，而法院在实际执行时，判断是否用水较容易，裁定是否浪费用水较困难。

虽然犹他州的水权制度也存在着一些问题，但依然能够为我国水权制度的建设与完善提供良好的借鉴经验：①水权制度必须以相关法律为依据，以严格地确保水权初始分配、交易和实施等各项工作的进行。②必须建立完备的交易制度，一方面确保水市场的活跃，另一方面，需要由相关部门对水权交易进行管理，以保证公共利益不受损害。目前来讲，整个秦巴山脉乃至我国的水资源管理部门职能与分工不够明确清晰，需做出相应的调整。③水权制度的建立需要一个过程，不能一蹴而就。管理者需要不断从案例中吸取经验教训，不断改进水权制度，使其能够适应不断变化的用水需求，对水资源进行科学高效的合理配置。④需要加强信息公开及监督制度的建设，对相应用水者进行相关法律知识普及，使其善用法律手段维护自己的水权，并建立相应的责任意识来维护水资源的合理利用。

四、不列颠哥伦比亚省

不列颠哥伦比亚省是加拿大西部的一个省，西邻太平洋，东至落基山脉。该省气候温和，水资源优质，省内大部分面积是森林地带，同时煤矿、铜、石油和天然气等资源丰富。

1999年该省政府印发了《用水规划指南》，该指南阐释了区域内水资源管理的新流程，并将该新流程作为该省水法特许程序的一部分，制定电站和其他水利设施的WUP（Water Use Planning，用水规划）[25]。水资源管理部门主持召集包括现有许可证持有人和未来的持证人、政府机构、其他主要相关党派和普通群众在内的人员群体，通过协商策划的方式来制定用水规划草案，规划草案将被提交至水权审计处进行例行审查和审批。简单来说，WUP作为一种技术文件，详细规定了水利设施管理者日常工作中的运行参数，基于水资源的多种用途阐明了如何行使省内的水资源权，目的是平衡竞争用水情况。用水规划在实施水利设施建设中，充分考虑到水电站运行时环境、社会和经济对水资源的影响，不仅能够实现对水资源更为科学的管理，还有助于保持各项用水需求的平衡。

然而，随着人口数量的增长、气候的剧烈变化和耗水耗电工业的发展，不列颠哥伦比亚省的水资源与发电和供水服务等之间的矛盾却不断加深。由于不列颠哥伦比亚省的水和水力资源被大量用于工业生产，水资源量日益减少的状况并未引起政府的足够重视，该省的水资源正面临枯竭的危机。

2011年11月，加拿大另类政策中心和维多利亚大学发布了关于生态治理的城邦项目研究报告[26]。该研究报告表明，在统计工业用水的信息中，存在着严重的漏洞；水价偏低，在工业生产过程中容易造成水资源浪费。并且，近十余年来，政府大力发展省内的新矿场和大型天然气加工厂，天然气工业对水资源的需求量增加，不仅导致水文循环的崩溃，也增加了需水紧张的压力。不列颠哥伦比亚省主要依靠水力发电，水资源的减少使用电需求量渐渐接近可供电量的极限。因此，在该研究报告中，研究人员指出，政府应优先考虑并采取能够对水资源和能源实施综合管理的措施，首先需要及时、准确地统计水资源的使用及分配情况，建立公开有效的水资源数据库；其次，制定合理的水资源与能源的取用价格，提高人们的节水护水意识。

纵观不列颠哥伦比亚省用水治水的过程，我们不难发现，全面具体地统计用水情况，以及对水资源的利用、分配实行科学合理的规划是解决用水矛盾的基础。政府在发展天然气和采矿业的同时，更应大力开展再循环水和清洁能源再利用活动，将保护生态环境放在首位，切勿以牺牲水资源和生态环境为代价来发展经济。

加拿大的水利工作经历了"水开发"、"水管理"和"可持续水管理"三个发展阶段[27]。1970年《加拿大水法》颁布以前是水开发阶段，该阶段的主要特点是强调开发水资源的工程建设；1970~1987年为水管理阶段，强调水资源的规划工作；1987年后进入可持续水管理阶段，围绕"可持续发展"的主题强调水资源的可持续利用。

水管理阶段的转型主要基于水管理理念的转变，在水管理阶段，水资源仅仅是被作为一种消费性资源，着眼于满足当代社会的用水需求，而在进入可持续水管理阶段后，水管理理念不仅强调水的消费性价值，还强调水的非消费性价值，着眼于构筑支撑社会可持续发展的水系统，以实现当代人和后代人用水权的平等为目标，体现用水的长远性。

　　为满足可持续水管理的需要，加拿大联邦政府、省政府和地方政府的水管理机构进行了较大规模的改革[27]。联邦政府水管理机构的改革以强化对水这一基础性资源的综合管理为目标，加强了环境部、渔业及海洋部，以及农业部等联邦政府部门涉及水管理的机构设置。省级政府则成立了专门的水管理机构，将原来分布于政府诸多机构的水管理权集中于一个或少数几个机构。各地方政府水管理机构的调整，以适应省政府水管理机构的重组为目的，使集中后的省政府管理机构的各项政策能被高效地执行。

　　加拿大水管理机构普遍将生态系统方法作为管理区域水资源和水环境的主体方法，该方法强调水资源系统的各组成要素及其与人、社会、经济和环境的关系，要求人们在管理水资源过程中更多地去关注水系统而不是水资源本身，它是一种一体化的综合管理模式。加拿大的可持续水管理将水与社会、经济等联系在一起，将水管理和土地、森林等环境资源的管理联系在一起，因此水管理的决策信息来源于广泛的学科和领域，使水管理政策更加科学合理。

　　可持续发展的实践需要社会成员的广泛参与，并且水环境问题越来越成为加拿大公众关注的问题，行政管理部门在积极开展水资源可持续利用的公众教育时，也积极让社会各阶层成员参与水管理决策，大力推动水管理决策信息的社会化。其中，加拿大水资源协会是公众参与水资源管理的典型模式，该协会通过论坛的形式为各方提供讨论水问题的平台，如洪水和滞洪区的管理、流域恢复和水出口等各种水问题，来促进水资源的可持续开发和利用。

五、经验总结

　　通过对落基山脉所在区域各地的水资源保护与开发情况的了解，可以得到以下经验供参考借鉴：①完善相关法律建设，坚持依法治水，特别是水权制度的实施，必须建立相关法律作为依据。目前我国在立法执法环节还存在一些问题，在全国范围内的水权分配也刚刚起步，相关法律法规的建设是对水资源进行整体管理的根本依据。②科学具体地统计水资源的开发利用情况，以此为基础，判断用水趋势，对水资源的配置提出合理的规划，这是水资源管理过程中必不可少的环节。同时，发展经济与节水护水不可割裂，切勿为追求经济利益而造成水环境的破坏。③可通过建立大型水库、调水工程等，蓄水供水，解决水资源分布不均、短缺的问题，任何水利设施的建设必须将生态效益放在首位。在水源缺乏的地区，可以采取收集冰雪融水及雨水的措施来补充水源。④治理水污染问题，需要加强对点源及面源的治理，加快污水处理设施的建设，在更大、更广泛的范围内建成污水处理网。特别是针对矿产资源的开发利用，需要严格规范流程，必要时可减缓开采速度，严格控制废弃物排放。⑤依据秦巴山脉区域乃至全国的实际情况，进行水管理体系的改革，调整各水资源管理部门，明确各部门职能与分工，将各项工作落实到具体之处，从而更好地进行水资源的保护及开发。⑥水资源管理涉及土地、森林等环境资源的管理，涉及社会、经济的发展进步，其决策信息应考虑多方因素，需加强社会各专业人士和阶层民众的参与度，从而使决策信息更加科学合理。⑦利用政府、媒体、民间组织等力量，加强对大众的教育，提高大众的节水护水意识，减少水资源的浪费等。

第八章 秦巴山脉区域水资源保护与利用战略设计

第一节 总体发展思路

一、保护优先

　　划定秦巴山脉区域的生态控制红线和分阶段环保目标，引导秦巴山脉区域产业合理布局，积极落实《水污染防治行动计划》，推动秦巴山脉区域水量调度、环境功能区划、质量目标管理、饮用水水源保护、生态流量保障、船舶和陆源污染防治等相关法律法规制定，研究制定相关配套政策，为秦巴山脉生态环境保护和污染综合整治提供法律法规保障。加强秦巴山脉生态环境保护和污染防控顶层设计，逐步实现由行政区域环境管理向流域环境管理和"山、水、林、田、湖"一体化管理的转变，推进秦巴山脉生态环境保护和污染综合整治。

二、创新支撑

　　以绿色发展理念进行创新，引导绿色发展实践创新。通过推行清洁生产、循环经济等措施，推动经济、社会和环境三重转型发展，变控制、限制产业发展为引导产业发展，以转型发展取代关停并转的短期行为。实现工业废弃物资源化利用；积极构建绿色农业、生态农业产业链，提高化肥和农药利用率，促进农业、农村废弃物资源化利用，减少农村水源的面源污染；大力倡导绿色生活理念，转变生活方式，降低生活污水及垃圾排放。

第二节 战略目标

一、总体目标

建立和完善水资源开发及保护的法律法规，包括跨流域水资源管理配置、地下水污染防治等；建立健全水资源（含地下水）监测、预警网络，建立水资源保护和应急保障技术；改革水资源管理模式，协调各行政区及各部门单位，使流域管理发挥更大优势作用；建立健全生态补偿体系；创新水经济发展模式。

二、阶段目标

近期目标（2016~2025年）：建立起完善的水质监测、预警网络；形成科学合理的水资源保护与利用管理机制和补偿体系；初步构建出先进的水资源保护和应急保障技术。

远期目标（到2050年）：形成基于优质水资源的经济发展模式；完成前期过度开发造成的石漠化等生态修复；建立水资源绿色开发的技术平台及人水和谐共处的生态模式。

第三节 战略任务

针对近期和远期战略目标，秦巴山脉水资源保护与利用未来的重点研究任务包括以下几点。

一、健全法律法规

建立健全适合我国的跨流域水资源管理的法律法规体系，包括水量调度、功能区划、质量目标管理、饮用水水源保护、生态流量保障、船舶和陆源污染防治等相关法律法规。

二、完善补偿体系和机制

探索市场化的生态补偿模式，建立区域共同发展机制。除财政补偿外，同时提供技术补偿（或智力补偿）及产业补偿[28]。一是向水源区的生态建设直接投入一批高素质人才，包括科技人才、高级技工、管理人才等，提高水源区生态建设的整体现代化水平[29]。或通过开展智力服务，提供无偿技术咨询和指导，培养受补偿地区的技术和管理人才，提高受补偿者生产技能、技术含量和管理组织水平，运用现代技术搞好水源区的生态建设。二是帮助水源区发展替代产业或无污染产业，增强水源区自身的造血功能是缩小发展差距、提高人民生活水平的最佳途径。促进水源区在产业发展中搭建好产业转移承接平台，并且接纳和汇聚劳动密集型、资源型与高技术低污染型产业，形成产业集群和工业加工区。

三、构建先进的水资源监测预警网络和应急处置技术

基于云计算技术，构建全流域集自动监控、危险预警、业务管理、公众服务于一体的综合信息系统，设立专项基金，提高应对突发性水污染事件、自然灾害、极端天气、恐怖袭击等非传统安全威胁的预警和应急处置能力。

四、开发绿色产业技术保障水资源品质

基于先进的生物、材料等绿色技术对传统行业进行改造，减少对水资源和环境的破坏，确保在发展的同时，保障水资源安全。

五、推进水资源经济发展模式

减少水力资源开发，重点发展高附加值的优质水资源经济，实现优质水资源优质使用的经济模式。

第四节　发　展　策　略

一、完善水资源优化配置方案

协调不同水资源利用需求，形成水资源优化配置方案是秦巴山脉水资源保护与利用的核心。秦巴山脉区域现有的水资源利用方式主要为水能开发和大型跨流域调水，但生活和生产用水仍是区域内居民的主要用水模式，与人居环境和人民生活息息相关。秦巴山脉区域的优质水资源并未得到优质利用。因此，需要进行水资源优化配置方案设计，划定水资源生态红线，将不同水质的水资源进行不同的配置，使优质的水资源发挥最大功效，以实现水资源保护与社会经济同步发展。

二、构建科学的跨界水资源管理模式，完善生态补偿机制

构建科学的跨界水资源管理模式，完善生态补偿机制是实现秦巴山脉水资源保护与利用的重要保障。秦巴山脉跨境内五省一市，管理难度较大，应借鉴国外的管理经验，建立跨区域机构，强化流域跨区域管理机能，通过协商合作方式解决流域污染问题。推动国家制定和实施涉及秦巴山脉水资源开发利用、水污染防治等方面的权威性专项规划，划定维持秦巴山脉区域环境健康必需的生态控制红线和制定分阶段环保目标，引导秦巴山脉区域产业合理布局。强化秦巴山脉区域五省一市合作协作，坚持生态补偿权利与责任对等，在现行激励机制基础上，进一步明确补偿主客体关系、补偿模式和补偿规模，探索制定科学的监测、评价、考核和补偿制度，选择有条件的区域或水系开展试点工作，研究探索生态环境有效保护和水资源可持续开发利用的成功经验。按照污染者、使用者及受益者付费原则，促使经济发达的下游地区向经济欠发达的上游地区给予补偿，鼓励跨区域、跨水系供水开展生态补偿工作。政府需要加大投入力度，引导不同社会力量参与进来，逐步构建起完善的秦巴山脉区域生态补偿机制，从根本上解决流域内上下游之间发展与保护的失衡问题，促进秦巴山脉区域之间、上下游之间的共同和谐发展。

三、开发绿色生产技术，改造传统工业

开发全产业链绿色生产技术，改造传统工业是实现秦巴山脉水资源保护与利用的重要措施。加大基础研究和产业关键技术的研究，利用新材料、生物技术等对秦巴山脉区域"水污染大、资源利用率低、高端产品缺乏"等部分传统行业进行绿色生产技术开发，变"限制"为"升级改造"，彻底解决传统产业存在的突出问题，促进传统产业健康发展，保障秦巴山脉区域水质安全长期稳定。

四、基于气候变化的"秦巴山脉绿色循环发展战略思路"

从人类发展的历史看，近代以来人们对循环可持续发展和生态文明的追求，是人类社会发展的必然选择。我们的祖先自古以来就有关于生态问题的理念和实践。这些观点，如"天人合一"，是我们的祖先在探索人类生态文明道路过程中留下的闪光足迹，对我们仍有启发和参考价值。循环经济发展模式就是改造和重构涉及国民经济的各个产业，重点包括建设循环型工业、循环型农业、循环型服务业及循环型社会。

工业的发展在于建设生态工业园。生态工业园是发展循环经济的主要载体。

生态工业园是一个包括自然、工业和社会的地域综合体，是依据循环经济理论和工业生态学原理设计成的一种新型工业组织形态，是生态工业的聚集[30]。在适合布局工业的地域内集中建设产业园区，通过促进产业集聚、项目整合、资源综合利用和延伸产品链条等方式，构建循环经济体系，实现工业文明和生态文明的有机结合。

秦巴山脉区域发展循环型农业要以"3R"为准则〔减量化（reducing），再利用（reusing）和再循环（recycling）〕，调整和优化农业生态系统的内部结构和产业结构，提高能源的利用率、农业废弃物的再利用和再循环率，使农业生产活动由过去的"自然资源—农产品—农业废弃物"的物质单向流动转变成"自然资源—农产品—农业废弃物—再生资源"的物质反馈式循环过程[31]。

秦巴山脉区域循环型服务业要以生态为特色，因此，要实现秦巴山脉区域的可持续发展必须减少不必要的资源消耗。服务业循环体系的建立可以从以下三个方面进行：在生产层面，要求企业加强清洁生产，重点关注资源浪费和工业废弃物管理；在产业层面，加强规划管理，促进循环型工业、农业和服务业的三重建设；在社会层面，提倡并引导有利于循环经济发展的行为，推动市场向循环型方向发展[32]。

秦巴山脉区域循环经济在宏观层面上表现为整个社会层面的循环，即社会—经济—环境复合系统的循环；在中观层面上表现为以工业园区为代表的企业间的循环；在微观层面上表现为以清洁生产为主的企业内部的循环。建立起企业层次、园区层次和区域层次逐级递进的循环链是构建循环型社会的关键，使资源尽可能地减少利用量并达到充分利用效率。在消费领域，使废弃物尽可能地被全部循环使用，在生产和消费之间建立一个可持续发展的大循环。

秦巴山脉绿色循环发展战略应围绕农业、工业、服务业及社会分别展开并协调发展，提高资源利用率。但区域内各地在社会经济发展的各个方面存在差异，因此要发展循环经济，必须遵循因地制宜的原则，在充分考虑当地经济社会条件及制约因素的基础上，依据以上发展原则制定适合该区域发展的循环经济模式。

第九章　秦巴山脉区域水资源保护与利用战略对策

第一节　加快法律建设，完善配套政策

完善的顶层设计与规划，对于引导、协调、约束、激励秦巴山脉水环境协同保护与治理至关重要，区域内水环境问题的最终解决也必须依赖顶层设计。应加快立法制定秦巴山脉区域顶层设计与规划的步伐，以保证区域内管理机构、各地方政府、企业、社会等多元主体在参与共治中有章可循、协调一致。建议向国务院争取将秦巴山脉纳入国家重点流域水污染防治规划，尽快推动国家层面立法制定和推动实施《秦巴山脉水环境功能区划》《秦巴山脉水资源开发利用与保护总体规划》《秦巴山脉水污染防治规划》等，由全国人民代表大会立法通过并颁布实施，以增强规划的权威性。

在顶层设计中，应重点解决以下几个问题。一是秦巴山脉水环境保护与治理的体制性问题。应进一步优化现有管理体制，明确秦巴山脉区域管理机构、各地方政府的权责关系，将各部门的权力划分清晰，厘清各部门在秦巴山脉水环境保护与治理中的具体职责，确保集体行动步调一致，建立制衡和监督机制，化解"体制性内耗"。二是秦巴山脉水环境保护与治理的协调性问题。其包括建立跨行政区交界断面水质达标管理、水环境安全保障和预警，以及跨行政区污染事故的应急协调处理等机制，统一上下游水环境功能区划和水功能区划水质目标，协调解决跨地区重大环境问题等。三是秦巴山脉水环境保护与治理的约束性问题。对丹江口水库等重点水域的取水总量控制、水工程调度做出规范要求；明确在流域从事开发利用活动要符合水功能区保护要求，主要流经秦巴山脉区域各河道控制断面需达到水功能区水质标准等。

第二节　改革管理机制，实现跨区域统一管理

秦巴山脉的流域跨境内五省一市，管理难度较大，应借鉴美国治理田纳西流域、澳大利亚治理墨累–达令河流域，以及欧盟对莱茵河、多瑙河的管理经验，建立跨区域专门机构，强化流域跨区域管理机能，协商合作解决流域污染问题。

当前，亟须通过建立秦巴山脉各片区、各利益主体间互动协作、协商的常态化机制，来协调流域上下游不同地区、部门、行业对水资源的需求，破解区域碎片化管理困境。应积极推进"秦巴山脉水资源保护与水污染防治协作机制"的建立，进一步加强区域内各省（自治区、直辖市）间的合作，并积极探索"政府间联盟"式的"府际协作"机制在跨行政区水环境治理中的新模式。在此基础上，再将应用范围逐步扩大，建立面向全秦巴山脉区域的"府际协作"机制，共同推进秦巴山脉跨省（自治区、直辖市）水资源利用和水环境保护工作。

2016年10月，中共中央全面深化改革领导小组第28次会议通过《全面推行河长制的意见》。河长制作为跨部门协同的流域治理机制，对加强水资源保护、水污染防治、水环境改善和水生态修复，实现江河湖泊功能可持续利用，发挥了日益明显的作用。秦巴山脉区域应借鉴国内江浙地区河长制的成熟案例，探索适合区域内河流保护的模式。其首要任务为明确责任，严格实行分段治理，分段管理，分段考核，分段问责[33]。在此过程中，应注意处理好以下几个问题：一是处理好治河和治源的关系；二是处理好治源和党政主体责任的关系；三是处理好传统河道治理和流域综合治理的关系；四是处理好河道和区域的关系。同时，实行河长制需引进公众参与和监督机制。

第三节　完善生态补偿体系

在完善生态补偿体系的战略对策中，应着重注意以下几点。

（1）在监测、评估生态环境状况基础上，按照保护水质、维护重要生态功能的原则，综合考虑居民公平享受公共服务、减少发展制约因素，以及保护自然资源、维持生态系统服务功能等方面的需求，根据环境治理成本，充分考虑库区面积、淹没土地面积、总人口、水质影响程度、人均财力、移民安置、企业关停受损和工程建设贡献等综合因素，区分不同权重，合理确定库区及上游地区的分

配比例，开展库区及上游地区生态补偿标准核算研究，建立区域生态补偿标准核算方法体系。

（2）建立协商谈判与区域共同发展机制。建立输水区、受水区生态保护共建共享机制。引导鼓励生态环境保护者和受益者之间通过自愿协商实现合理的生态补偿。搭建有助于建立调水生态补偿机制的政府管理平台，促进输水区、受水区协作，采取资金、技术援助和经贸合作等措施，支持库区及上游地区开展生态保护和污染防治工作，推动水源地生态保护区积极发展循环经济和生态经济，限制发展高耗能、重污染的产业。通过区域协作、共建共享机制保护水质，实现输水区、受水区双赢。

（3）积极探索市场化生态补偿模式。引导社会各方参与南水北调中线水质保护和生态建设。开放生产要素市场，使水资源资本化、生态资本化，达到节约资源和减少污染的双重效应。完善库区及上游地区水资源合理配置和有偿使用制度，推进建立水资源取用权出让、转让和租赁的交易机制，逐步推行政府管制下的排污权交易，运用市场机制降低治污成本，提高治污效率。

（4）探索建立不同形式的水权交易体系。通过水权交易不仅可以促进资源的优化配置，提高资源利用效率，而且有助于实现保护生态环境的价值，因而可以作为实施生态补偿的市场手段之一。我国已经在一些流域实行了水量分配制度，基本构建了水权交易制度框架，并在水资源的管理、开发、利用中发挥了一定的作用。针对丹江口水库及上游地区，可以借鉴成熟的案例，探索输水区、受水区的水权交易、跨行业的水权交易和不同用水者之间的水权交易等。

（5）完善生态补偿政策体系。建议制定丹江口水库及上游地区生态补偿政策法规及规范标准。明确生态补偿的基本原则、主要领域、补偿范围、补偿对象、资金来源、补偿标准、相关利益主体的权利义务、考核评估办法、责任追究等，实行严格的保护制度，实现权、责、利相一致。完善生态补偿资金分配使用考核办法，实现国家重点生态功能区转移支付资金的合理分配。

第四节　提高水资源利用率，推动水资源优化配置

秦巴山脉区域内水资源利用率不高，工农业用水效率偏低，居民生活用水浪费严重。升级产业结构，大力推行节水技术，应作为今后工农业用水的主要趋势。同时，加强城乡居民的节水意识，提高污水处理率、实现水资源的可持续发展也是必不可少的措施。

水资源是水资源量和水资源质的高度统一，是相互联系且制约的统一体。目前来看，秦巴山脉区域内对水量和水质的管理还不协调，环保部门的工作偏向

于对水质的保护与研究，水利部门则侧重于对水量的管理，为实现两者的辩证统一，亟须采取措施进行统一管理。一是要明确相关部门的行政职能划分，必要时可成立秦巴山脉水资源委员会，进行协调统一管理。二是建立与水量相适应的水环境调控方法或者与水环境相适应的水量调度方法。在干旱期，减少污染物排放；在洪水期，可适当增加污染物排放指标，根据水资源量的变化调整污水排放标准。在平衡或者调控水量时，将水质作为一个重要的参考因素，做到数量与质量的统一平衡。三是要充分发挥水资源功能，根据水资源质量状况，进行合理配置，避免高质低用或者低质高用[34]。

在优质水源较充沛的地区，实行分质供水[35]。分质供水从水源地就对水源进行区分，分别建设生活水厂和工业水厂。生活水厂选用优质水库的水源，供城乡居民生活用水；工业水厂则从河道采集水源，用于工业生产。这样能有效减少优质用水量，并可降低工业用水成本。在优质水源紧缺地区可再铺设覆盖全境的优质供水管网，沿途在每个村、每个小区设配水站，有条件的也可直接将管网接至居民家中，实行计量取水、有偿送水。

第五节　加强水质监测预警建设

为切实保障南水北调中线水源保护区水质安全，对丹江口水库及主要干支流等重点水域进行水质实时监控和预警，建议在充分论证站点布局、监控参数的基础上，推进水质监测预警系统建设。

一、整合环保部门和水利部门的环境监测站点，优化监测站点布局

为合理布设丹江口水库上游汉江干流监测断面，降低断面布设的重复性，提高断面的总体代表性，建议综合考虑库区及上游地区自然环境特征、水环境功能区划、区域污染源分布特征、水文及采样可达性、社会经济特征及管理需求等因素，对断面临近性、重复性等因素进行综合优化筛选，最终确定在空间上具有代表性、可操作性、历史延续性的监测断面布局，并确保水质监测站点与全国监测网络系统建设相统一。

二、推进水质自动监测站建设

为实现对丹江口库内及入库干支流水质的全面实时监控和有效预警建议，在现有49个监测断面、2个自动监测站的基础上，在库内重点控制断面、主要入库支流汉江、污染问题严重的支流的入库处、其他存在较大污染隐患的支流等合理

设置自动监测站，有效弥补监测项目及频次不足，提高水质监测的实时性、准确性；在重点污染源企业的排放口设置在线监测设备，实现对重点污染企业、重点污染区段的有效、准确监控，以便为水污染事件提供及时预警。

三、完善监测机构建设，提高水质监测能力

为提高库区及上游地区水环境监管能力，在合理论证的基础上，按照国家环境监测标准化建设要求，完善库区及上游地区监测机构建设。探索建立跨区域水质管理机构，适当提高专职水质监测人员比例，保障水质监测的准确性、权威性。在库区及上游地区环境风险较高区段适当建立水环境应急中心，提高应急监测能力，保障区域水质安全。

四、建立流域水质监测预警系统

针对南水北调中线丹江口库区及上游地区的环境特点，开展区域内水质污染风险源调查、识别、分类、评价、分析；采用适宜的监测方法，掌握流域水质现状；结合水质模型，模拟水质动态变化过程，实现对库区及上游地区的动态监测、及时预警，为南水北调中线工程水源保护和监督管理提供及时、科学的决策依据。通过挖掘现有流域水环境信息资源，建立风险源识别，以及风险分析、评估、预警和应急控制技术方法，形成完整的流域水环境风险评估与预警体系。

完善的水质监测预警体系将为提高丹江口水库及上游地区的水资源保护及供水安全突发事件的快速应急能力，为水源区水资源的管理和保护，为水质的安全保障，以及南水北调工程的顺利运行提供重要保障。

第六节　建立区域内重大水污染事件应急机制

针对目前秦巴山脉区域内突发性水污染事件多发的现实情况，为确保重大水污染事件得到及时有效的处置，应建立全区域重大水污染事件应急机制。

一、建立秦巴山脉水污染重大环境事故预防保障基金

由区域内各省（自治区、直辖市）共同出资建立水污染重大环境事故预防保障金，各省（自治区、直辖市）也应相应成立省级预防保障金，主要用于解决秦巴山脉区域内可能出现的突发性污染事件，包括水污染损失补偿和治理等。保障金首期可由各省（自治区、直辖市）平均出资组成，以后则按照区域内重大水污

染事故发生的责任地归属对各省（自治区、直辖市）保障金出资份额进行调节。

二、创新应急处理技术

创新研究污染组合控制技术和工艺优化，探索联合净化方法，形成快速、高效、稳定的突发污染控制关键技术与适用工艺。在此基础上，研发自动化程度高、占地面积小、移动方便、处理高效的应急水处理设备，为水源突发污染事故应急处理提供技术与设备支撑，提高事故应急处置能力。

三、提高预防监测能力

针对区域上游大批伴生矿的开发可能导致的非常规水污染问题，应未雨绸缪，加强水源水质监测力度和频度，全面掌握水源地及其保护区内可能存在的非常规污染的类别、生产和使用危险品的重点企业的地理位置信息、危险品的性质、实验室监测方法、现场应急监测方法、水质标准、应急处理方法、相关领域专家等基本情况，建立流域水源地非常规污染情况基础数据库，为水源非常规污染事故应急处置提供信息支撑[36]。另外，应建立环保、水务预防应急信息共享平台，逐步实现应急指挥平台互联互通。

第七节　依托资源优势，创新水经济发展模式

商品水的开发是做大水经济的有效途径。建议对秦巴山脉区域现有矿泉水资源进行勘查，查明矿泉水资源的分布规律、类型、储量，发展矿泉水产业，将秦巴山脉区域打造成天然、健康、高端的区域优质矿泉水生产基地。

建议充分发挥秦巴山脉区域的水源优势，积极引进知名品牌，提高饮用水开发的产业化、系统化和规模化，促进产业快速崛起。当前国内瓶装水市场已被康师傅、娃哈哈、农夫山泉、乐百氏等大企业占据，短期内打造自主品牌的条件并不具备，形成新的统一的秦巴山脉区域特色饮用水品牌存在较大难度，建议通过招商引资，吸引国内外饮品生产大型企业在秦巴山脉区域内部建厂，利用洁净水源的资源禀赋优势，依托大企业带动小企业，促进天然水产业集群发展，实现产业快速崛起。延长产业链条，提高综合效益。积极开发功能性矿泉水系列饮品，弥补品种不足。建议对现有商品水企业进行规范整顿、优化重组。引导和鼓励秦巴山脉区域内现有商品水小企业联合重组，统一标准、统一品牌，以带动区域内商品水产业发展，形成市场优势。

第八节　完善地下水监测机制，加强地下水修复保护

地下水同地表水一样，是水资源的重要组成部分，是人类生存、生活和生产活动中不可缺少的自然资源，在保证居民用水、社会经济发展和生态环境平衡等方面起到巨大作用。但由于农业的发展及矿产资源的开发，秦巴山脉地下水的情况不容乐观。

我国在地下水领域的研究起步较晚，从20世纪50年代开始至今只有60余年，在相关法律建设、防治修复计划等方面，与发达国家相比尚存在一定差距。我国从"十一五"起开展了大量的地下水污染调查工作，但调查的地域范围颇受局限、调查评价指标相对较少，不足以使污染防治规划工作顺利展开，调查评价技术体系也有待完善。除此之外，缺乏直接针对地下水的法律法规；政府部门间存在一定的职能交叉，管理效率略低；缺少工程数据，难以出台相应的技术规范和修复指南；垃圾填埋场、工业固体废弃物等污染源尚未得到控制。针对以上问题，在保护秦巴山脉地下水资源方面，提出以下建议。

（1）开展地下水资源水质和水环境有关的环境立法活动，如颁布实施含水层保护、地下水资源监测、地下水资源水权转让与水交易、农村地下水资源保护等法律制度，逐步形成完善健全的地下水资源保护政策与制度。这是实行对地下水监测及保护的首要支撑。

（2）通过对地下水立法进行综合决策、注重管理的一体化，明确各管理部门的管理权限及责任分工，形成有效的综合协调机制，使地下水的开发利用与保护统一起来。

（3）基于物联网、云计算和大数据的地下水监测技术与装备，逐步形成统一的监测网络和管理体系，统一的监测制度，实现对秦巴山脉地下水的实时监控，同时建立完善的地下水污染防治的预警评价与信息系统、应急保障体系。在此基础上，制定一系列较为完善的规范和指南，用以指导地下水修复决策、修复目标制定、修复技术实施、监测及效果评价等行动。

（4）在研发地下水污染防控和综合整治技术中，目前许多方面仍处在研究阶段，研究主要集中在实验室或小规模的模拟试验上，在大规模的工程应用过程中，尚需解决许多实际问题，如投资费用高、环境因素影响、二次污染控制等。以上这些问题严重制约了地下水防控和综合整治工作的高效有序的开展。因此，整个过程中需要政府、生产经营者及各高校研究机构的协同合作。基于社会生产力和生态环境建设需要的各项研究课题与项目，需要政府及生产经营者对高校研

究机构进行资助，从而使得研究工作具有旺盛的生命力。在地下水污染严重的地区，如含大量废弃尾矿的区域，建立地下水保护、修复示范区。各研究课题及项目应依据实际情况，进行科研工作的开展，推广相关技术，发挥示范作用，促进区域内地下水环境的改善。

第九节　研究秦巴山脉区域气候变迁规律

区域性气候变化是指在某区域范围内，气候平均状态在统计学意义上的巨大改变或者持续较长一段时间。秦巴山脉区域地貌类型以山地丘陵为主，间有盆地。气候类型多样，年降水量709.5~1 400.0毫米，雨季为4~10月，占全年降水量的75%。现利用秦巴山脉区域现有的24个县观测站的降水、气温和日照时数等与国计民生有重大影响的数据资料，研究其1973~2012年的气候变迁规律。

1973~2012年降水量最多的地方为南充，为1 100~1 200毫米，降水量最少的地方为陇南，仅为5毫米左右。大部分降水量集中在秦巴山脉西南一带，呈现出西南多、东北少的格局，统计表明，这主要是受山地丘陵的影响，因此也使得山区水能资源藏量丰富。1973~2012年，秦巴山脉区域平均降水量为814毫米，大于全国的折合平均降水量的628毫米，因此秦巴山脉区域在全国范围内属于雨量适中地区，这也是其气候温和、河流纵横的原因。

我国的气候变化从时间尺度上分为三类：①短期的气候变化，如月、季、年尺度的变化。这主要是由自然因子的变化造成的，特别是决定于气候的内部变率；②十年尺度或年代际变化；③百年及百年以上时间尺度的变化。后两种时间尺度的气候变化都在不同程度上表现出人类活动对气候的影响。

秦巴山脉区域气温在9~17℃范围内，整体平均气温13.8℃。1973~2012年气温最高地区为南充，年平均气温为17℃，气温最低地区在洛阳、三门峡等地，年平均气温为10℃。总体上看，秦巴山脉西南地区气温偏高，东北地区气温稍低。造成气温差异的主要原因在于有着我国南北地理环境分界线之称的秦岭。秦岭山地大致位于东经105°30′~110°05′，北纬32°40′~34°35′，像一面高大宽厚的巨壁阻挡着南北坡气流的运行，是我国气候的分界线。秦岭中山以下（即海拔1 500米以下）地区春季、秋季、冬季的气候具有干湿冷暖分明、干冷和暖湿同季的特征。

日照是气候形成的重要因素，也是太阳辐射最直观的表现。我国年平均日照时数的分布形势是东南少而西北多，从东南向西北增加，大致秦岭、淮河以北和青藏高原、云南高原东坡以西的高原地区年平均日照时数都在2 200小时以上。淮河、秦岭以南，青藏高原和云南高原东坡以东的地区，年平均日照时数多在2 000小时以下，是我国少日照地区。其中，四川盆地、贵州大部分地区是少日照的中心地区，年平均日照时数不到1 400小时。该中心地区中四川盆地西坡、川东南、黔西北、鄂西南交界地区年平均日照时数更是在1 200小时以下，有些地方甚至不足1 000小时。

秦巴山脉区域日照时数平均值为1 574小时，在全国范围内属于日照较少地区。1973~2012年日照较多的地区为三门峡、洛阳等地，最高值出现在三门峡，为2 268小时，最低值出现在西南地区绵阳地区，为1 024小时，空间分布呈东北向西南递减格局，其大小排序为秦岭以北>秦岭南坡>汉水流域>巴巫谷地。

秦巴山脉区域20世纪60年代降水量减少，70年代降水量增加，80年代降水量呈下降趋势，到90年代降水量又呈上升趋势。降水量波动在300毫米左右，降水量相对比较稳定且波动不大，这给秦巴山脉提供了一个稳定的生态环境。秦岭北坡年均降水量在增加，而南坡年均降水量在减少。但近几年来，秦岭南北坡年均降水量均有所增加，且北坡降水增加速度更快。秦巴山脉区域气温在9~17℃，整体平均气温13.8℃。20世纪80年代中期后，秦岭地区年平均气温开始上升，特别是秦岭北坡地区自1984年后气温增幅较大。1959~2009年秦岭北坡气温增加了1.2℃，南坡气温增加了0.5℃，对南北坡年均气温平均后得到50年来秦岭年均气温增加了0.8℃；50年来绝大部分地区日照时数呈下降趋势[37]。

在全球气候变暖的背景下，20世纪80年代以来秦岭南北坡地区的温度和降水量变化显著，且具有同步变化的趋势，气温普遍上升，降水量逐渐减少，气候暖干化特征明显。

第十节　开展面向水资源保护的人居环境建设研究

根据对秦巴山脉区域人口与文化特征的分析，结合现有相关研究的进展，应开展以下三方面研究。

一是按照各行政区进行的产业布局、国土整治等相关研究内容，借鉴河流水利综合开发、管理的思路，将涵盖全流域的综合发展对策与城镇化及城镇化体系构建予以联系。分析水资源保护及合理的开发对于城镇化的带动作用。抓住水资源开发中土地需求与区域耕地占补平衡，以及贫困地区移民安置的特殊矛盾问题进行研究。

二是通过对当地流域自然生态特征及其演化趋势，在现有的水土保持、灾害防治等宏观区域生态环境保护研究的基础上，应用"3S"技术①，建立对城镇化的时间序列及城镇化地区的空间拓展对生态环境的影响评价体系，研究不同的城

---

① "3S"技术指遥感技术（remote sensing，RS）、地理信息系统（geography information systems，GIS）和全球定位系统（global positioning systems，GPS）。

镇化与流域生态系统健康状态的关系。针对地域聚居和地方建筑学的特点，综合提出对传统人居环境的保护与有机发展策略。对流域开发进行生态适宜性评价，研究生态敏感地带保护，以及人居环境与自然环境的缓冲地带建设。在城市研究层面，突出与城镇发展影响紧密相关的流域生态环境保护手段。

三是归纳城市选择的不同形态的典型模式和原理，用以指导特定地域中各种类型的城市形态发展。从形态发展和规划水平上提升质量，调控和整合流域地区的城市功能，提高人居环境质量。研究流域开发带动的城镇化进程中，城镇规模与水、土等资源环境容量之间的关系，探明城镇化进程中城镇空间形态发展的动力机制及其制约因素，以及相应的规划调控手段，总结环境友好型的城市规划与设计方法，研究城镇滨水地段的城镇空间与河流空间良性互动的规划与景观设计方法。

建立区域统筹发展模式，以区域经济为导向，以交通干线为骨架和以基础设施为支撑的网络协调模式。根据流域区域统筹的要求，将流域空间按照主体功能的不同划分为城市地区、农村地区和生态地区三类区域。不同区域的自然条件及发展基础不同，应对其加以区别对待，即采用不同的发展战略，打破传统行政区划，构建自然区划、经济区划和行政区划相协调的城乡空间统筹模式，以实现土地的有效控制，立足于流域整体发展的视角，规划以流域为基本研究单元，以水资源合理配置为流域综合开发的核心，以构建一体化地域结构为目标，在产业空间统筹发展的基础上，在城乡之间建立起要素自由流动、产业分工协作、土地竞争性利用、价值链循环升级的全面良性发展关系。

参 考 文 献

[1]曹正浩，张娜，钱萍.引汉济渭工程水资源论证[J].人民长江，2014，45（9）：30-33.

[2]刘垠.南水北调中线水质保护：千里长渠一线牵 一江清水向北流[J].黑龙江科技信息，2014，（29）：15-17.

[3]曾祥惠，张培铁.丹江口市工业实现重大转折[N].湖北日报，2006-02-24，第3版.

[4]刘辉.丹江口库区及上游水质状况与监测工作建议[J].人民长江，2012，43（12）：20-22.

[5]王业强，魏后凯.“十三五”时期国家区域发展战略调整与应对[J].中国软科学，2015，（5）：83-91.

[6]李鹏.调整财税政策 促进主体功能区建设[J].经济纵横，2008，（6）：44-46.

[7]黄娟.论清代陕西秦巴山区的内生性资本主义萌芽[D].西北大学硕士学位论文，2011.

[8]马双丽，王圣瑞，李贵宝.瑞士湖泊水环境保护与治理[J].水利发展研究，2015，（7）：67-71.

[9]王铭.瑞士、奥地利的供水及水资源保护政策[J].水利科技与经济，1996，2（1）：21-25.

[10]别赫金ВА，芮淮丰.瑞士水电开发现状与发展前景（上）[J].水利水电快报，2013，34（5）：4-6.。

[11]曹中柱.瑞士、奥地利两国水资源开发利用与保护情况简介[J].水资源保护，1998，5（2）：55-58.。

[12]李庆.奥地利水资源的可持续发展[J].水利水电快报，2004，25（1）：5-7.

[13]王铭.瑞士奥地利水利工作的一些做法和经验[J].水利经济，1996，（3）：70-72.

[14]韩瑞光，马欢，袁媛.法国的水资源管理体系及其经验借鉴[J].水资源管理，2012，（11）：39-41.。

[15]焦小青.法国水资源管理和水污染防治工作有关情况和经验借鉴[J].首都师范大学学报（社会科学版），2012，（S1）：184-185.

[16]徐溧伶.德国水资源管理与生态保护持续发展战略初探[J].珠江现代建设，2011，6（3）：6-9.。

[17]李中锋，李丹颖，王志强.德国的水资源管理与技术创新[J].国外水利，2009，（23）：62-64.

[18]马湛，郝钊.意大利的业务水文简介[J].水文，2002，22（1）：61-63.

[19]王頔.科罗拉多州和河南省水资源开发利用的对比分析[J].河南水利与南水北调，2014，

（1）：59-60.。

[20]徐邦斌.科罗拉多州的水权管理制度[J].治淮，1996，（8）：26.

[21]李恒义，孟琳琳.拉斯维加斯城市化中的水资源管理对北京的启示[J].北京水务，2014，（3）：7-10.。

[22]莫里斯 R，德维特 D，克赖茨 A.拉斯维加斯盆地的水资源保护[J].水利水电快报，1998，（7）：25-28.

[23]贾绍凤，曹月.美国犹他州水权管理制度及其对我国的启示[J].水利经济，2011，29（6）：17-22.。

[24]曹月，贾绍凤.美国犹他州水权制度实施效果述评[J].水利经济，2012，30（2）：25-30.

[25]李蓉.加拿大不列颠哥伦比亚省实施的用水规划[J].水利水电快报，2002，23（7）：28-29.

[26]帕菲特 B，徐嘉，彭军.加拿大不列颠哥伦比亚省水资源利用研究[J].水文水资源，2014，35（2）：12-14.。

[27]陈庆秋.加拿大的可持续水管理改革及其对我国构建"资源水利"体系的借鉴意义[J].水利水电科技进展，2000，20（3）：6-8.

[28]中国生态补偿机制与政策研究课题组.中国生态补偿机制与政策研究[M].北京：科学出版社，2007：37.

[29]洪尚群，吴晓青，段昌群，等.补偿途径和方式多样化是生态补偿基础和保障[J].环境科学与技术，2001，（24）：40-42.

[30]马彩云，蔡定建，严宏.基于循环经济建设生态化工[J].环境保护与循环经济，2013，33（8）：18-21.。

[31]黄其霜.陕南循环经济发展模式研究[D].西北大学硕士学位论文，2010.

[32]赵梦.陕西省循环经济发展现状与对策研究[D].西安工业大学硕士学位论文，2013.

[33]刘鸿志，刘贤春，周仕凭，等.关于深化河长制制度的思考[J].环境保护，2016，（24）：43-46.

[34]张国兴，何慧爽，郑书耀.水资源经济与可持续发展研究[M].北京：科学出版社，2014：46.

[35]朱法君.治水的"中西医结合疗法"[J].今日浙江，2014，（10）：40-41.

[36]于凤存，方国华，高玉琴.城市水源地突发性水污染事故思考[J].灾害学，2007，22（4）：104-108.。

[37]高翔.五十年来秦巴山地气候变化趋势及空间分布研究[D].西北大学硕士学位论文，2011.